# Editorial

## Liebe Leserinnen und Leser,

mit Erhalt dieser März-Ausgabe liegt der Winter hinter uns: Für die einen waren es Novembernieselmonate, für die anderen bedeutete es viel Schnee und Kälte.

Schnee ist ja – allgemein in der Literatur und gerade auch im Haiku – ein starkes Sinnbild. Eine Metapher für warm und kalt. Zugleich kann er Behagliches vermitteln, Geborgenheit bieten, in der man innehält. Und „der Schnee nimmt ja allen Lärm warm in einen Arm, er bildet an sich ein Haus, worin es still hergeht" (Robert Walser).

Aber er bedeckt auch alles, macht die Welt in gewisser Weise unberührbarer und erzeugt zugleich eine Leere, in der alles neu entstehen kann (nicht von ungefähr erinnert es an das weiße Blatt auf dem Schreibtisch eines Schriftstellers). Theodor W. Adorno hat es wunderbar auf den Punkt gebracht: „Was ein Kind empfindet, das im Neuschnee seine Fußspur hinterlässt, zählt zu den mächtigsten ästhetischen Triebkräften." Weckt das nicht in jedem von uns das Kind?

Darum: Auch das „erste Grün" hat es in sich. Lassen wir uns also neu verführen, entdecken wir die ersten frühlingshaften Anzeichen mit allen Sinnen. Gerade nach dem Rückzug der Natur, dem Schlaf unter Schnee und Frost, scheint das Meer von Grüntönen unseren Blick in die Weite zu ziehen, und die Farbpalette der ersten Frühblüher unterstreicht das neu überschäumende und zugleich geerdete Lebensgefühl.

Um Frühlingsfarben geht es diesmal auch in der Rubrik „Weiterdichtung zu einem Tan-Renga". Lassen Sie sich inspirieren, schreiben Sie einen weiterführenden Unterstollen. Die Redaktion freut sich auf Ihre Einsendungen.

Ich wünsche Ihnen allen heitere, sonnenerwärmte Tage.

Ihre Claudia Brefeld

# Inhalt

# Deutsche Haiku-Gesellschaft e.V.

Die Deutsche Haiku-Gesellschaft e.V.[1] unterstützt die Förderung und Verbreitung deutschsprachiger Lyrik in traditionellen japanischen Gattungen (Haiku, Tanka, Haibun, Haiga und Kettendichtungen) sowie die Vermittlung japanischer Kultur. Sie organisiert den Kontakt der deutschsprachigen Haiku-Dichter/-innen untereinander und pflegt Beziehungen zu entsprechenden Gesellschaften in anderen Ländern. Der Vorstand unterstützt mehrere Arbeits- und Freundeskreise in Deutschland sowie Österreich, die wiederum Mitglieder verschiedener Regionen betreuen und weiterbilden.

[1]Mitglied der Federation of International Poetry Associations (assoziiertes Mitglied der UNESCO), der Haiku International Association, Tokio, der Gesellschaft für zeitgenössische Lyrik e.V., Leipzig, Ehrenmitglied der Haiku Society of America, New York.

**Anschrift**  Deutsche Haiku-Gesellschaft e.V., z. Hd. Stefan Wolfschütz, Postfach 202548, 20218 Hamburg

**Vorstand:**

**Info/DHG-Kontakt und Redaktion**  Claudia Brefeld, Auf dem Backenberg 17, 44801 Bochum, Tel.: 0234/70 78 99, E-Mail: claudia.brefeld@dhg-vorstand.de

**Redaktion**  Eleonore Nickolay, 78, Avenue du Général Leclerc, F-77360 Vaires sur Marne, Tel.: 0033/160202350, E-Mail: eleonore.nickolay@dhg-vorstand.de

**Kassenwartin**  Petra Klingl, Wansdorfer Steig 17, 13587 Berlin, Tel.: 030/5618694, E-Mail: petra.klingl@dhg-vorstand.de

**---**  Peter Rudolf, Gartenweg 6, CH-4143 Dornach, Tel.: 0041/617021895, E-Mail: peter.rudolf@dhg-vorstand.de

**Website**  Stefan Wolfschütz, Curschmannstraße 37, 20251 Hamburg, Tel.: 040/477965, E-Mail: stefan.wolfschuetz@dhg-vorstand.de

Brigitte ten Brink, Kelhofstr.1, 78465 Konstanz, Tel.: 07533/998722, E-Mail: brigitte.tenbrink@dhg-vorstand.de

**Internationale Kontakte**  Klaus-Dieter Wirth, Rahserstraße 33, 41747 Viersen, Tel.: 02162/12243, E-Mail: kd.wirth@dhg-vorstand.de

**Sowie:**

**Redaktion**  Horst-Oliver Buchholz, Thomas Opfermann, E-Mail: redaktion@deutschehaikugesellschaft.de

**Öffentlichkeitsarbeit**  Dr. Beate Wirth-Ortmann, E-Mail: drw-o.haiku@t-online.de

**Bankverbindung:**  Landessparkasse zu Oldenburg, BLZ 280 501 00, Kto.-Nr. 070 450 085 (BIC: SLZODE22XXX IBAN: DE97 2805 0100 0070 4500 85)

Bibliografische Information der Deutschen Nationalbibliothek:
Die Deutsche Nationalbibliothek verzeichnet diese Publikation in der Deutschen
Nationalbibliografie; detaillierte bibliografische Daten sind im Internet über
dnb.dnb.de abrufbar.

©2019 Deutsche Haiku-Gesellschaft
Herstellung und Verlag: BoD –
Books on Demand, Norderstedt
ISBN 9-78-374-9407-18-7

Haiku: Claudia Brefeld, Foto: Paul Bernhard

# Haiku-Wettbewerb

## Ausschreibung
## Haiku-Wettbewerb 2019 der DHG
## für die Haiku-Agenda 2020

Auf dem Tisch zeigt die Agenda der DHG gerade mal erste Frühlingsdaten an. Und schon rufen wir Sie in diesem ersten SOMMERGRAS 2019 zur Einsendung Ihrer Haiku für die nächste Agenda auf, für das Jahr 2020. Der Aufruf richtet sich an Haiku-Schreibende, die in deutscher Sprache schreiben oder publizieren. Die Texte sollen zu einer der „fünf Jahreszeiten" passen, wozu sich beispielsweise die bekannten Bezüge zu Klima und Natur, zu Fest- und Feiertagen eignen.

Wir laden Sie herzlich ein, uns Ihre Texte im ersten Halbjahr zukommen zu lassen. Die zehn besten werden mit einer Haiku-Agenda 2020 honoriert; ihre Platzierung in der Agenda wird besonders hervorgehoben werden. Jede Auswahl und alle Entscheide über eine Veröffentlichung werden von einer Jury der DHG vorgenommen.

Die Teilnahmebedingungen sehen **bis zu 3 Haiku** pro Teilnehmer vor, die unveröffentlicht sein müssen und einen oben genannten vergleichsweisen Bezug aufweisen sollen.

Für das Cover der Agenda 2020 nehmen wir gerne Gestaltungsvorschläge entgegen. Hier gelten folgende Bedingungen:

– **eine** Einsendung pro Teilnehmer;
– Einreichen im verkleinerten Format ist möglich. Zur Verwendung müsste der Vorschlag dann aber in ausreichender Größe zur Verfügung gestellt werden können.

Die Agenda ist wochenweise organisiert. Zu einer Doppelseite der Agenda, die eine Woche umfasst, wird ein „Haiku der Woche" veröffentlicht. Im Weiteren gelten folgende Regeln: Für das Jahr 2020 werden 53 „Haiku der Woche" ausgewählt, und jedes wird in einer ihm entsprechenden Woche abgedruckt. Bei der Jurierung sind teilnehmende Nichtmitglieder den

Mitgliedern unserer Gesellschaft gleichgestellt. Dies wird durch eine Anonymisierung der zu beurteilenden Texte garantiert.

Falls ein DHG-Mitglied keine Aufnahme ins Kalendarium findet, wird von seinen eingereichten Texten in jedem Fall ein Haiku ausgewählt. Ihre Veröffentlichung finden diese „best of"-jurierten Texte in einem Leseanhang. Auch diese Autoren werden – wie jene, die im Kalendarium vertreten sind – in das Autorenverzeichnis der Agenda aufgenommen. In diese Publikation wird nur ein Beitrag pro Autor aufgenommen.

Einsendeschluss für alle Zusendungen zur Haiku-Agenda 2020: 30. Juni 2019 – Stichwort „Agenda 2020"

Per E-Mail bitte an:

peter.rudolf@dhg-vorstand.de

Per Post bitte an:

Petra Klingl
Wandsdorfer Steig 17
13587 Berlin

Wir freuen uns über Ihre Einsendungen!

Der DHG-Vorstand

# Weiterdichten

## Ein Haiku zu einem Foto dichten

Ein Haiku zu dichten für ein Foto, dazu hatten wir in der vergangenen Ausgabe eingeladen. 20 Autorinnen und Autoren fühlten sich von dem Bild, aufgenommen von Elisabeth Kleineheismann, inspiriert und schickten uns ihre Verse. Vielen Dank! Wir haben uns die Auswahl nicht leicht gemacht … Der Auswahlrunde gehörten Claudia Brefeld, Horst-Oliver Buchholz, Ramona Linke, Eleonore Nickolay und Thomas Opfermann an. Mit dem Haiku, das die meisten Punkte erhielt, haben wir ein Haiga gefertigt. Das Haiku stammt von Wolfgang Beutke. Wir gratulieren!

Mondschale –

wie der Klang schwebt über
den Gräsern …

Haiku: Wolfgang Beutke, Foto: Elisabeth Kleineheismann

Ein Bild, das verblüfft, verwundert, vielleicht gar irritiert – und den Blick in die Irre führt. Zumindest den ersten. Denn bei flüchtigem Hinsehen scheint uns ein Mond entgegen zu leuchten, ein grüner, am finstersten Nachthimmel. Doch das Geschaute führt uns keineswegs dem Himmel zu, sondern in die Tiefe einer Rohrleitung, aus Beton offenbar, an deren Ende Grünes schimmert, Gräser sind es vermutlich. Auch im Vordergrund stehen Gräser, wie Anfang und Ende von natürlich Gewachsenem, dazwischen das Dunkel.

Von diesem ersten Eindruck hat sich der Autor vermutlich inspirieren lassen, er greift das Thema Mond auf wie auch das der Gräser, beides wörtlich in den Zeilen eins und drei. Das ist heikel. Sollten doch die Verse in einem Haiga das Geschaute nicht einfach wiedergeben, sondern darüber hinausblicken, es ergänzend weiterführen zu etwas Neuem, das dem ersten Blick noch verborgen blieb. Dem Autor gelingt es durch ein einfaches Wort, eine Silbe nur: Klang. Dem rein Geschauten, dem Visuellen, wird Akustisches an die Seite gestellt, etwas, das das Bild erweitert, eine neue sinnliche Ebene öffnet. So wird die Gefahr der reinen Wortillustration elegant umschifft. Bild und Verse bleiben zwar eng beieinander, wie verwoben fast, aber dem Autor gelingt ein Zwischenraum, in dem sich neue Wirkung entfalten kann. Das ist die Kunst in diesem Haiga, das gibt ihm Wert.

Es gibt noch eine weitere mögliche Wort-Bild-Verbindung, auch sie ist nicht sofort zu erkennen, aber das Haiga lässt diese Interpretation zu. Es sind die Gräser im Vordergrund, genauer: die Bewegungsunschärfe, mit der sie eingefangen wurden. Eine Bewegungsunschärfe wie wenn der Wind sie durchweht, einem hörbaren Wehen, das im zweiten Vers im „Klang" aufgenommen wird.

Etwas Weiteres kommt hinzu: Auch wenn die grüne Scheibe nicht der Mond ist, so wird sie doch als solcher empfunden, verstärkt durch das Dunkel der Röhre, die auf den Betrachter zukommt wie ein Nachthimmel. Wir haben also Mond und Gräser oder anders: Himmel und Erde. So spiegelt sich in den einzelnen Bildelementen auch etwas Ganzes, etwas Allumfassendes.

In der Nähe von Wort und Bild ist dieses Haiga eine Gratwanderung. Die aber ist gelungen und führt den Betrachter zu schönem Erleben – in den Details wie auch im Allumfassenden.

Kommentiert von Horst-Oliver Buchholz

Außerdem präsentieren wir noch eine kleine Auswahl von Haiku, die die Jury mehrheitlich als besonders gelungen angesehen hat.

Gartenfest
wir entzünden Sterne
und Mond
 **Gabriele Hartmann**

Morgendunkel
drei Schulkinder singen
das Laternenlied
 **Birgit Heid**

Wintermond
ohne ihn
drei Schritte in die Nacht
 **Anke Holtz**

opalgrüne Nacht –
behutsam berührt er
ihr Gesicht
 **Angelica Seithe**

Dieser SOMMERGRAS-Beitrag sowie alle Einsendungen sind auf unserer DHG-Website nachzulesen.

Über Meinungen und Gedanken für die nächste SOMMERGRAS-Ausgabe würden wir uns sehr freuen. Was meinen Sie? Welches Haiku zum Foto gefällt Ihnen besonders – und warum?

## Aufruf: Weiterdichtung zu einem Tan-Renga

Der Winter war lang, nun freuen wir uns auf die warmen Jahreszeiten. Claudia Brefeld hat dazu bereits einen Oberstollen verfasst. Wir laden Sie ein, diesen Oberstollen mit einem Unterstollen zu einem Tan-Renga zu ergänzen. Gerne präsentieren wir in der nächsten Ausgabe wieder eine Auswahl Ihrer Werke.

Sommerwärme
rings um den Fuchsbau
aufstäubendes Gelb

**Einsendungen bis zum 15. April**
an
redaktion@deutschehaikugesellschaft.de
Stichwort: Weiterdichtung zu einem Tan-Renga

# Haiku-Kaleidoskop

Klaus-Dieter Wirth

## Grundbausteine des Haiku (XXXV)
dargestellt an ausgewählten Beispielen

### Indirekte Aussageweise

Bei dieser Darstellungsart handelt es sich nicht um eine uneigentliche Ausdrucksform wie bei der Ironie (vgl. Grundbaustein XXV), sondern um eine stellvertretende Wiedergabe mit unmittelbarem Hinweischarakter. Es ist also auch kaum eine ablenkende Bildlichkeit, wie etwa bei der absoluten Metapher im Spiel, die erst entschlüsselt und zugeordnet werden muss. Vielmehr bleibt der Bezug nahe am beobachteten Phänomen, so wie ein Schatten an seinem Objekt. Dennoch ist die indirekte Aussageweise ein interessantes technisches Verfahren, indem sie nämlich eine gewisse Prise an Geheimnisvollem (yugen) hinzufügt, damit auch vom Eröffnen eines, wenn auch kleineren Raums zum Nachdenken (ma) lebt und durch die dezente Abstandnahme seines Autors (vgl. Grundbaustein XIII) den Gegenstand der Betrachtung umso mehr in den Blickpunkt der Analyse rückt.

| | |
|---|---|
| Sur la pelouse d'hiver | Auf dem winterlichen Rasen |
| Un objet | Ein Gegenstand |
| Que la lumière a oublié | Den das Licht vergessen hat |

    Niji Fuyuno (JP)
    (Übers. v. der Autorin selbst)

| | |
|---|---|
| Même derrière les barreaux | Selbst hinter Gittern |
| on peut souffler | kann man noch Seifenblasen |
| des bulles de savon | blasen |

    Seitô Hirahata (JP)
    (Übers. v. Corinne Atlan/Zéno Bianu)

removing the snow
that nobody has stepped on …
waiting for patients

> Makoto Nishida (JP)
> (Übers. v. Kôko Katô/David Burleigh)

den Schnee entfernen
den niemand betreten hat …
warten auf Patienten

Avec calme
mon ombre bouge
et verse du thé à son invité

> Hôsai Ozaki (JP)
> (Übers. von Cheng Wing fun/Hervé Collet)

Ganz ruhig
bewegt sich mein Schatten
und gießt seinem Gast Tee ein

pluie nocturne
le bruit sur un parapluie
s'arrête chez le voisin

> Matsukura Ranran (JP)
> (Übers. von Cheng Wing fun/Hervé Collet)

Regen bei Nacht
das Geräusch auf einem Schirm
hält beim Nachbarn

La mitrailleuse –
éclosion d'une fleur rouge
au milieu du front

> Sanki Saitô (JP)
> (Übers. v. Corinne Atlan/Zéno Bianu)

Das Maschinengewehr –
Erblühen einer roten Blume
mitten auf der Stirn

Murmeltierschrei –
der Städter sucht
den Himmel ab

> Valeria Baruch (CH)

Tee zu zweit
mit dem Löffel die Sonne
verrühren

> Christa Beau (DE)

Führungswechsel …
der neue Wind trägt
Maiglöckchenduft

> Heike Gericke (DE)

Winterende –
Auf dem Rasen liegt noch
Die Mohrrübe

> Jürgen Hoberg (DE)

Trampelpfad
zum neuen Nachbarn hin
grünt er wieder

    Marianne Kunz (DE)

de peuter ontdekt
in de schaduw op het gras
de duif op het dak

    Bouwe Brouwer (NL)

twee kleine handjes
rusten op de vijverrand –
deze springt nog niet!

    Lia de Ceuninck van Capelle (BE)

De zon schilderde
een wit onderlijfje
op mijn rode huid.

    Willy Cuvelier (BE)

die plek in de berm
weer verse bloemen
en nieuwe knuffeltjes

    Ria Giskes (NL)

klassenreünie –
de tussenliggende tijd
in de gezichten

    Ida Gorter (NL)

zomeravond
zijn voetstappen in de tuin
– in mijn hoofd

    Carla Mostert (NL)

aus deinem Mund
der fremde Klang
meines Namens

    Eva Limbach (DE)

der Steppke entdeckt
im Schatten auf dem Gras
die Taube auf dem Dach

zwei kleine Händchen
stützen sich auf den Teichrand –
dieser springt noch nicht!

Die Sonne malte
ein weißes Unterhemdchen
auf meine rote Haut.

die Stelle am Straßenrand
wieder frische Blumen
und neue Kuscheltiere

Klassentreffen –
die dazwischenliegende Zeit
auf den Gesichtern

Sommerabend
seine Schritte im Garten
– in meinem Kopf

first lesson
the sound of my guitar
on my teacher's face

    Carlos Colón (US)

erste Unterrichtsstunde
der Klang meiner Gitarre
auf dem Gesicht meines Lehrers


morning commute –
before I finish the sports
he turns the page

    Barry George (US)

Pendeln am Morgen –
bevor ich mit dem Sport durch bin
wendet er die Seite


bird shadow
  from tree shadow
    to fence shadow

    Christopher Herold (US)

Vogelschatten
  vom Baumschatten
    zum Zaunschatten


summer eve
the sound of moths
as I drive

    Jeff Hoagland (US)

Sommerabend
das Geräusch von Motten
während meiner Fahrt


nursing home
an old woman calls
for her mother

    Carole MacRury (US)

Pflegeheim
eine alte Frau ruft
nach ihrer Mutter


more guests …
thickness of the soup
changes

    Ajaya Mahala (IN)

mehr Gäste …
die Dicke der Suppe
ändert sich


winter night –
the phone won't stop
not ringing

    Mike Spikes (US)

Winternacht –
das Telefon hört nicht auf
nicht zu klingeln

in my wardrobe
all the people
I am
    Rachel Sutcliffe (GB)

in meinem Kleiderschrank
all die Leute
die ich bin

one year on
no tan lines
on my ring finger
    Alison Williams (GB)

ein Jahr später
keine Bräunungslinien
auf meinem Ringfinger

rue de l'école
le silence de l'été
derrière la grille
    Marie Derley (BE)

Schulstraße
die Stille des Sommers
hinter dem Gitterzaun

griffes refermées
l'aigle emporte au ciel
un peu de mer
    Huguette Ducharme (CA)

geschlossene Klauen
der Adler trägt in den Himmel
ein wenig Meer

jour d'après
sa maman
pour lui seul
    Isabelle Freihuber-Ypsilantis (FR)

am Tag danach
seine Mama
für sich allein

assise au soleil
une dame caresse
son chien d'aveugle
    Monique Junchat (FR)

in der Sonne sitzend
streichelt eine Dame
ihren Blindenhund

un an déjà …
l'odeur froide
de ses habits
    Éléonore Nickolay (DE/FR)

ein Jahr schon …
der kalte Duft
ihrer Kleider

à l'orée du bois
l'envol d'un harfang
neige rouge

    Claude Rodrigue (CA)

am Waldrand
der Aufflug einer Eule
roter Schnee

poacher trap –
another song
lost forever

    Marina Bellini (IT)

Wildererfalle –
ein weiterer Gesang
für immer verloren

lagoa do pântano
os dois sapos brigando
agitam o céu

    Rosa Clement (BR)

sumpfige Lagune
zwei kämpfende Kröten
bewegen den Himmel

grandmother –
she recognizes us
by touch

    Andrzej Dembończyk (PL)

Großmutter –
sie erkennt uns
durch Berühren

a thousand hands
stored the summer sun
in a cup of tea

    Stjepan Rožić (HR)

tausend Hände
speicherten die Sommersonne
in einer Tasse Tee

Viejo poeta.
Quizás último volver
de golondrinas.

    E. M. Tanit (ES)

Alter Dichter.
Vielleicht die letzte Rückkehr
der Schwalben.

open window
my neighbor undresses
her shadow

    Petar Tchouhov (BG)

geöffnetes Fenster
meines Nachbarin entkleidet
ihren Schatten

Eleonore Nickolay

# Die Französische Ecke

„Schreiben Sie über das Schreiben!" Das ließen sich die Haiku-Dichter in der 62. Ausgabe von Gong, der Zeitschrift der Frankofonen Haiku-Gesellschaft, nicht zweimal sagen. Hier ein kleiner Ausschnitt aus der Auswahl der Jury: über das eigene dichterische Schreiben, das Schreiben von Briefen, die rührenden ersten Schreibversuche des eigenen Kindes, ein Schulheft in Aleppo, die Handschrift der Mutter, den eingeritzten Vornamen der ersten großen Liebe, den Namen eines Urlaubsflirts im Sand.

j'écris –
soudain cinq kilos de chat
sautent sur ma page

ich schreibe –
plötzlich fünf Kilo Katze
auf meinem Blatt

    Béatrice Aupetit-Vavin

Vitre embuée
pour commencer la journée
écrire quelques mots.

Beschlagene Scheibe
um den Tag zu beginnen
ein paar Worte schreiben.

    Bruno-Paul Carot

passage du train
ceux qui finissent en haïku
ne se doutent de rien

vorbeifahrender Zug
die als Haiku enden
ahnen nichts

    Delphine Eissen

feu rouge
le temps d'écrire
un haïku

rote Ampel
die Zeit ein Haiku
zu schreiben

    Marie-Alice Maire

nouvel amour
le carnet à spirale
au fond du tiroir

neue Liebe
das Spiralheft
ganz hinten in der Schublade

    Jean-Hughes Chuix

| | |
|---|---|
| jour de pluie | Regentag |
| dans la boîte à lettres | im Briefkasten |
| une vraie lettre | ein echter Brief |
| Danièle Duteil | |
| | |
| fêtes des mères – | Muttertag – |
| son prénom en coquillettes | ihr Vorname aus Muschelnudeln |
| et lettres bâton | und Großbuchstaben |
| Rose DeSables | |
| | |
| rédaction de ma fille | Aufsatz meiner Tochter |
| la maîtresse | die Lehrerin |
| a corrigé mes fautes | hat meine Fehler korrigiert |
| Philippe Macé | |
| | |
| sur son cahier | auf seinem Heft |
| de l'encre et du sang – | Tinte und Blut – |
| jour d'école à Alep | Schultag in Aleppo |
| Francine Aubry | |
| | |
| recette | Rezept |
| de la main de ma mère – | handgeschrieben von meiner Mutter – |
| douceur d'été | die Süße des Sommers |
| Carole Bourdages | |
| | |
| soir de pleine lune – | Vollmondnacht – |
| sur un papier chiffonné | auf einem zerknüllten Papier |
| les pleurs de ma mère | die Tränen meiner Mutter |
| Jordan Marion | |
| | |
| cours de géométrie – | Geometrie-Stunde |
| sur la table son prénom | auf dem Pult ihr Vorname |
| gravé au compas | mit dem Zirkel eingeritzt |
| Michel Duflo | |
| | |
| bord de mer – | Meeresufer – |
| seul son prénom | nur sein Vorname |
| a passé la nuit | hat die Nacht überdauert |
| Sarra Masmoudi | |

Eleonore Nickolay

# Haibun in Frankreich

Im Juni 2016 fand in dem berühmten Pariser Elite-Gymnasium *Henri IV,* in dem zum Beispiel Georges Pompidou Lehrer und der jetzige französische Präsident Emmanuel Macron Schüler waren, ein zweitägiges Haiku-Kolloquium* statt. Einer der Grandes Dames des französischen Haiku, Monique Leroux Serres, lag allerdings viel daran, in ihrem Vortrag „Vom Haiku zum Haibun" in Erinnerung zu rufen, dass das klassische japanische Haiku gewöhnlich in einen Text eingebunden war. Unsere Vorstellung vom Haiku als solitäres Gedicht rühre weitgehend von der Tatsache her, dass es dergestalt Einzug hielt in die Anthologien der westlichen Welt. Monique Leroux Serres zitiert das bekannte Gedicht von Issa: *Diese Welt aus Tau/ist eine Welt aus Tau/ und dennoch …* , das an Tiefe und Bedeutung gewinnt, wenn man es wieder eingebettet in die Tagebuchaufzeichnungen des Dichters liest: Es steht am Ende der Beschreibung des Todes seiner zweijährigen Tochter. Eine weitere in frankofonen Kreisen renommierte Haiku-Dichterin und Herausgeberin von Haiku-Anthologien, Danièle Duteil, ebenfalls Vortragende auf dem Kolloquium, ging 2011 gemeinsam mit Gérard Dumon sogar soweit, einen Haibun-Verein zu gründen. Sie nannten ihn „Der schmale Weg", in Anlehnung an Bashōs Reisetagebuch „Auf schmalen Pfaden durchs Hinterland". Der mit 35 Mitgliedern kleine, aber rührige Verein bemüht sich mit Dichter-Treffen, Ausstellungen und Publikationen um die Verbreitung des Genres. Seit 2011 wurden in Anthologien Texte von über 60 Autoren aus Belgien, Bulgarien, Frankreich, Quebec, Rumänien und der Schweiz veröffentlicht. Seit 2016 gibt es ein dreivierteljähriges, an die 70 Seiten starkes Online-Magazin. Seit sich der Verein 2017 mit einem Tanka-Verlag zusammengeschlossen hat, wird nun auch Tanka-Prosa veröffentlicht. Zu jeder Ausgabe können Texte zu einem vorgegebenen Thema und zu einem frei gewählten Thema eingereicht werden. Beim Durchstöbern des Magazins fällt sogleich die Länge der Haibun auf. Kurze Texte, wie unsere Leser sie aus SOMMERGRAS kennen, gibt es so gut wie gar nicht. Während die deutschen Haibun-Schreiber sich in der Prosa auf das Wesentliche zu beschränken versuchen, sind die Franzosen in der Prosa recht ausschweifend und um einen wohlklingenden Stil bemüht. In dieser Form erfreut sich das Haibun bei den Schreibenden wie bei den Lesenden großer Beliebtheit. Moniques Leroux Serres hat 2017 ein über 120 Seiten langes Haibun veröffentlicht. Sie ging einen Wanderweg am Fluss Mayenne in der Absicht, ein Haibun zu schreiben: Schreibend wandern, war für sie eine körperliche, intellektuelle, spirituelle und ganzheitliche Erfahrung. „Man schreibt, was man macht. Man macht, was man schreibt. So wie man bis zum Ende des Weges geht, geht man in sein tiefstes Inneres. Man entdeckt sein kindliches Staunen wieder, bewundert die einfachsten Dinge."

Hier ein Ausschnitt aus „De fougère en Libellule – Sur le chemin de halage de la Mayenne", Seite 112):

Mittags Picknick in einem Obstgarten zwischen den Sonnenschirmen der Apfelbäume und einigen großen Rollen aus goldenem Heu.

| | |
|---|---|
| zierliche Bienen | Kopfkissen aus Gras |
| besuchen die Glockenblumen | eine Meise im Apfelbaum |
| und meine Einsamkeit | und ihre blauen Fächer |

Nach Anfrage bei Danièle Duteil, ob sie für unsere SOMMERGRAS-Leser nicht ein kurzes Haibun hätte, kam das folgende mit der Erklärung, dass sie sich einen Austausch mit deutschen Autoren und die Veröffentlichung ihrer Haibun (in französischer Übersetzung) in ihrem Online-Magazin vorstellen könnte.

Das Mädchen bat um Buntstifte. Es befühlte einen nach dem anderen, streichelte sie mit den Fingerspitzen, und nachdem es sich nach ihren Farben erkundigt hatte, legte es sie methodisch einen neben den anderen. Das Licht der Welt kannte es nicht. Seine Augen hatten die unergründbare Tiefe eines bodenlosen Meeres. Wie dem Mädchen das Rot der Mohnblume erklären, das Strahlen eines Sommermorgens, den Glanz eines Rosenkäfers? In Erinnerung an die Kühle des Wassers auf seinen Füßen strich es Blau auf das Blatt. Gleich daneben trug es Grün auf und erklärte, dass es sich gerne im Gras rollte. Darüber malte es eine gelbe Scheibe als Sonne. Das Gesicht von einem Lächeln überstrahlt, atmete es tief, bevor es noch einmal seine Stifte zählte.

vier und drei sieben –
die ersten Sommersprossen
auf der Nasenspitze
Danièle Duteil

* „Un souffle poétique du Japon sur nos écrits", Dominique Chipot de l'Association pour la promotion du haïku. Editions Pippa 2016

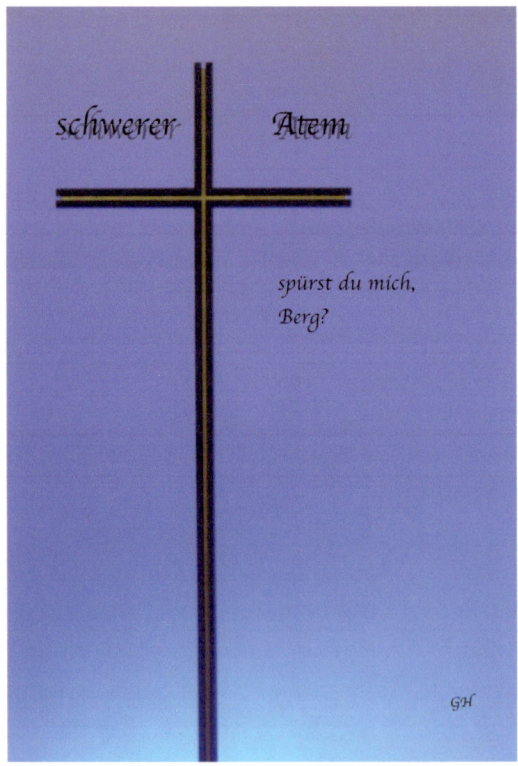

Haiga: Gabriele Hartmann

Claudia Brefeld

# Tan-Renga – der Beginn der Kettendichtungen

Das Tan-Renga (kurzes Kettengedicht) ist die Miniatur unter den Kettengedichten, nichtsdestotrotz kann es auf eine lange Tradition zurückblicken.

Die Wurzeln des Tan-Renga liegen in der Heian-Periode (794–1185, *heian* = Frieden, Stille – eine Zeit, in der Japan sich sehr von anderen Ländern abgeschottet hatte), und man findet im *waka*, dem lyrischen Gedicht mit der festen äußeren Form aus 5-7-5 / 7-7 *moren**, seinen Vorgänger.

*Waka* war ein Genre der japanischen Dichtkunst, die während der Heian-Periode inhaltlich im Gegensatz zur *kanshi*-Dichtung stand (allgemein der japanische Begriff für chinesische Poesie und speziell die von japanischen Dichtern auf Chinesisch geschriebene japanische Poesie) und die sich erst allmählich die langjährige Tradition des *kanshi* bzw. dessen Themen wie „Natur, Einsamkeit und Rückzug aus der Gesellschaft" zu eigen machte. *Waka* galt als Sammelbegriff für folgende Stilrichtungen:

— das Tanka (Kurzgedicht, 5-7-5-7-7)
— das *chōka* (Langgedicht, 5-7-5-7 … 5-7-7)
  (Die kürzesten davon sind 7 Zeilen lang, die längsten haben 151 Zeilen.)
— das *bussokusekika* (Buddha-Fußabdruck-Gedicht, 5-7-5-7-7-7)
  (Entstand während der Nara-Zeit. Die einzigen existierenden Beispiele waren jahrhundertelang die einundzwanzig Gedichte, die neben dem steinernen Buddha-Foot Monument *bussokuseki-kahi* im Yakushi-Tempel in Nara, Japan, von einem unbekannten Autor um 753 n. Chr. geschrieben wurden.)
— das *sedōka* (Gedicht mit wiederholtem Kopf, 5-7-7-5-7-7)
  (Eine Form, die manchmal für Dialoge verwendet wurde.)
— das *katauta* (unvollständiges Gedicht, 5-7-7).

Aber schon im 9. Jahrhundert verloren alle Stilrichtungen – bis auf das Tanka – an Beliebtheit und wurden kaum noch verwendet.

Infolgedessen wurde die Bezeichnung *waka* das Synonym für Tanka.

[Erst Ende des 19. Jahrhunderts forderte der japanische Poet Masaoka Shiki (richtiger Name: Masaoka Tsunenori, 1867–1902), dass das *waka* erneuert und modernisiert werden sollte, und nannte es wieder Tanka.]

Das Man'yōshū „Sammlung der Zehntausend Blätter" ist die erste große japanische Gedichtanthologie (ein 20teiliges Werk), das insgesamt die Periode von ca. 455 bis 760 darstellt. Es wurde hauptsächlich von dem Dichter Ōtomo no Yakamochi (718–785) kompiliert und diente späteren kaiserlichen Gedichtsammlungen als Vorbild. Die Sammlung enthält 4.207 Tanka, 265 *chōka*, vier *kanshi*, ein *bussokusekika* und ein Tan-Renga (Gedicht Nr. 1635)!

Dieses Tan-Renga soll aus einem Tanka wie folgt entstanden sein: Eine buddhistische Nonne servierte Ōtomo no Yakamochi Wein mit folgendem Versteil:

| | |
|---|---|
| saogawa no | das Feld, das er pflanzte |
| mizu o sekiagete | im aufgestauten Wasser |
| ueshi ta o | des Saho-Flusses |

Ōtomo no Yakamochi ergänzte daraufhin:

| | |
|---|---|
| karu wasaii wa | das Mahl der ersten Reisernte |
| hitori narubeshi | sollte er alleine genießen |

(Übersetzung in Zusammenarbeit mit Eva Moering)

Gegen Ende der Heian-Periode entwickelte sich das Tan-Renga zu einer Art gesellschaftlichem Zeitvertreib und begann sich mehr und mehr in der höfischen Gesellschaft Japans zu etablieren. Oft wurde ein Rätsel im *kami no ku* (oberer Versteil) vorgestellt, um dann von einer anderen Person mit dem *shimo no ku* (weiterführenden Versteil) des Witzes und Eigensinns ergänzt zu werden.

Ein Beispiel aus Yamato Monogatari „Erzählungen aus der Provinz Yamato" (10. Jahrhundert):

| watatsumi no | there | dort |
| naka ni zo tateru | in the ocean | im Meer |
| naoshika wa | stands the deer – | steht der Hirsch – |
| | | |
| aki no yamabe ya | perhaps the autumn | vielleicht spiegeln sich |
| soko ni miyuran | mountains | die herbstlichen Berge |
| *unbekannte Dichter* | are reflected in it | darin wider |
| | (Übers. Howard S. Hibbett) | |

Das Tan-Renga war eher eine Demonstration von Witz als von poetischer Tiefe, was dazu führte, dass diese Dichtung nicht mit großer Ernsthaftigkeit betrieben wurde. Es war dann nur noch ein kleiner Schritt zu den im Wechsel verfassten längeren Kettengedichten, und schnell entwickelten sich weitere *renga*-Formen, von denen die bekanntesten das *kasen* (36 Strophen), das *hyakuin* (100 Strophen) sowie das *senku* (1000 Strophen) sind.

[Matsuo Bashō (richtiger Name: Matsuo Munefusa, 1644 – 1694) siedelte dann übrigens mit seinen hohen Anforderungen nicht nur das *hokku*, später Haiku genannt, sondern auch die *renga*-Dichtungen wieder auf höherem Niveau an.]

Mit dem Werk Shūi Wakashū „Sammlung der Nachlese" (1005) entstand die erste kaiserliche Anthologie, die ebenfalls Tan-Renga enthält.

Auch wenn das Tan-Renga aus dem *waka* (Tanka) hervorging, ist kein von zwei Autoren geschriebenes *waka* (Tanka), sondern die Weiterführung eines vorgegebenen Verses durch einen zweiten Vers.

In Anlehnung an die Tanka-Form besteht das Tan-Renga somit heute aus zwei Versen:
– dem Oberstollen (dreizeilig 5-7-5 oder freie Form, allgemein Langvers „*chôku*" genannt) und
– dem Unterstollen (zweizeilig 7-7 oder freie Form, allgemein Kurzvers „*tanku*" genannt).

Das Tan-Renga beginnt mit dem Oberstollen des ersten Autors, nachfolgend fügt der zweite Autor den Unterstollen an, in dem er assoziativ auf den vorherigen Vers eingeht und dadurch einen neuen Impuls, eine unerwartete Wendung einbringt.

**Beispiel:**

> am Hünengrab
> in die Stille der Ruf
> eines Handys
>
> ich stehe und schaue
> den wehenden Gräsern zu
> > Brigitte ten Brink/Rita Rosen

Oder aber eine neue Komponente in dem zweiten Vers schafft ein Spannungsgefüge. Diese Form der Nebeneinanderstellung (*Juxtaposition*) führt dann zu einer intensiveren Deutung, als jedes Teil es – für sich alleine stehend – erreichen könnte.

**Beispiel:**

> Der Sturm treibt Blätter
> durch meine Tür
> und dich
>
> die ganze Nacht
> Neonlicht in den Linden
> > Ingrid Gretenkort-Singert/Gerd Börner

Eine weitere Möglichkeit ist die Rätsel-Lösung-Variante.

**Beispiel:**

> schmaler fußweg
> der stein noch kühl
> in meiner hand
>
> auf das grabmal
> scheint sonne
> > Claudia Brefeld/René Possél

Thematisch ist das Tan-Renga offen. Sowohl Jahreszeiten (in diesem Falle enthält der Oberstollen ein *kigo*) als auch alle Bereiche des sozialen Lebens, der Kultur und Politik sind möglich – ernst oder heiter nanciert. Die Andeutung mit assoziativem Hintergrund ist ein Wesenszug japanischer Lyrik, und so zeichnet sich diese Dichtung durch Bildhaftigkeit, Unmittelbarkeit des Ausdrucks und zugleich Beschränkung auf das Wesentliche aus. Das Tan-Renga hat mit seiner Kürze einen eigenen Schwierigkeitsgrad, denn für die beiden Autoren bleibt nur jeweils ein Vers, um die Aussage des Tan-Renga-Inhalts zu optimieren, aber nicht abschließend darzustellen, sondern Raum für Nachhall zu schaffen.

Wie verschiedenartig sich ein Tan-Renga gestalten lässt, wenn der zweite Vers von unterschiedlichen Autoren erstellt wird, zeigen die Tan-Renga in der „Rubrik: Weiterdichtung zu einem Tan-Renga" im SOMMER-GRAS 121.

Letztendlich gilt beim Tan-Renga: Die Kettendichtung ist keine Konkurrenzdichtung, sondern eine Partnerdichtung, in der sich zwei Autoren in dieser kürzesten Form der Kettendichtung aufeinander einlassen müssen.

*Jede *mora* (Mehrzahl *moren*) wird in *kana* (= jap. Schriftzeichen) durch jeweils ein Zeichen wiedergegeben und gilt in der Poesie als rhythmische Einheit. Sie ist nicht gleichzusetzen mit der Silbe. Trotzdem wird allgemein der Begriff Silbenschema verwendet.

## Quellen:

Árokay, Judit: Rezension von Ivo SMITS: The Pursuit of Loneliness. Chinese and Japanese Nature Poetry in Medieval Japan, ca. 1050 – 1150. Franz Steiner Verlag, Stuttgart. 1995.
Enthalten in: Nachrichten der Gesellschaft für Natur- und Völkerkunde Ostasiens, Hamburg. 1998.

Benl, Oscar: Das japanische Kettengedicht. Zeitschrift der Deutschen Morgenländischen Gesellschaft Vol. 104 (n.F. 29), No. 2 (1954), S. 432-450 .

Dictionnaires et Encyclopédies sur 'Academic' - Man'yôshû
http://fracademic.com/dic.nsf/frwiki/1109139 (Stand 25.1.2019)

Encyclopaedia Britannica - Sedōka
https://www.britannica.com/art/sedoka (Stand 25.1.2019)

Hibbett, Howard S.: The Japanese comic linked-verse Tradition. Harvard Journal of Asiatic Studies. Vol. 23 (1960-1961), S. 76-92.

Keene, Donald: The comic tradition in renga. In: Japan in the Muromachi Age. Hall, J.H. and Takeshi, T. (Hrsg.). University of California Press, Berkeley.1977. S. 241-278

Kleines Lexikon der Japanologie: Zur Kulturgeschichte Japans. Bruno Lewin (Hrsg.). Harrassowitz Verlag, Wiesbaden. 1995. 599 Seiten.

Japanische Poesie
https://de.wikipedia.org/wiki/Japanische_Poesie (Stand 25.1.2019)

Kunschke, Ingrid: Tankanetz: Die Entwicklung des Tanka
https://web.archive.org/web/20170314065401/http:/tankanetz.de/essay_tanka-entwicklung.html (Stand 25.1.2019)

Waka Poetry – Man'yōshū 万葉集
http://www.wakapoetry.net/poems/anthologies/manyoshu-万葉集/ (Stand 25.1.2019)

Wittkamp, Robert F.: Zur Herkunft der *waka*-Dichtung – „Schrift" als medienwissenschaftliche Antwort auf eine alte Frage. OE 46 (2007), S. 260-278.

# Neue DHG-Mitglieder

## Neue Mitglieder in der DHG
im zweiten Halbjahr 2018 – zusammengestellt von Thomas Opfermann

Folgende neue Mitglieder heißen wir herzlich willkommen und freuen uns, sie mit zwei eigenen Texten hier an dieser Stelle vorstellen zu können:

**Peter Conze** aus Königswinter/Nordrhein-Westfalen

Auf der Rennbahn
war er der klare Favorit
und verliert dann knapp

Sonnenuntergang
schläft die Megastadt
eine Illusion

**Christoph Eberle** aus Westborough MA/USA

Still der Wind
Schnee steigt in den Alleen
Kirchgänger

Ein Dampfer durchbricht
Talnebel in der Frühe
Saarschleifenfrühling

**Jonathan Perry** aus St. Pölten/Österreich

he
mach keine Mücke
Elefant

leicht entflammbar
die Erinnerung
an Stroh

**Jörg Schaffelhofer** aus Weiterstadt/Hessen

sperrmüll
im alten spiegel
mein gesicht

ihre welt –
mit einem schlag war sie
eine andere

**Ronny Syben** aus Vingelen/Norwegen

eine brennt schneller ab!
von den sieben Kerzen
neben dem Sarg

Blaubeeren sammeln
ein Unglückshäher und ich
– kalte Finger!

**Sandra Werning** aus Naundorf/Sachsen

Die kleine Katze
vor dem Badteppich lauernd
auf die Maus wartet.

Gewittergrau
doch am Horizont ganz deutlich
ein gelber Streifen

**Andreas Kirn** aus Bietigheim-Bissingen/Baden-Württemberg

Zooaquarium
Jeder Axolotl scheint
Dich anzulächeln

Zaunrübe wuchert
Am punkbunten Graffiti
Findet keinen Halt

**Ines Pinquart** aus Marburg/Hessen

Montagmorgen –
weit weg das Lied der Amsel
vor meinem Fenster

Opas Garten –
Rosen in Reisig gehüllt
der Winter kommt

**Phillip Sauer** aus Düsseldorf/Nordrhein-Westfalen

Die Erde bebt
eine kurze Ewigkeit
heimlich und leise.

Am Wegesrand
stehen Fuchs und Hase
einander zugewandt.

**Jürgen Morgenstern-Feise** aus Hannover/Niedersachsen

Einfach hingetupft,
ein Nest im blattleeren Baum.
Voller Erwartung.

Avantgardmusik
aus schwarz-weißem Gefieder.
Tor zu neuer Welt.


**Hans-Joachim Horstmann** aus Erlangen/Bayern

Gelbes Espenlaub
zittert am Zweig. Kann nicht fort
in leichter Brise.

Letzte Rose blüht.
Am Strauch braune Blätter und
Hagebutten rot.


**Loretta Gaukel** aus München/Bayern

Die Vögel ziehen
voller Hoffnung nach Süden –
mancher kommt nicht an.

Schneeflocken. Wild weht
Wind westwärts. Ich segle auf
ihm in die Träume.


**Stefanie Finsterbusch-Kettner** aus Dresden/Sachsen

Immerfort bergan
mein Atem unermüdlich
geht schneller als ich

Rascheln trockenen Laubes
der Wind mahnt zur Stille
die Wanderer

# Lesertexte

Bei allen Lesertexten (inklusive Haiga) bitte keine Simultaneinsendungen.

## Ausgezeichnet

Zusammengestellt von Horst-Oliver Buchholz

Der Abdruck erfolgt mit freundlicher Genehmigung der Autoren, von denen auch die Übersetzungen stammen.

In der Herbst-/Winter-Ausgabe von *Kô*, Haiku Magazine in English, Vol. 33, No. 4, ist DHG-Mitglied Klaus-Dieter Wirth als Preisträger des *Aichi Prefecture Board of Education Award* mit folgendem Haiku aufgenommen worden:

| in a state of Zen | im Zen-Zustand |
| a praying mantis | eine Gottesanbeterin |
| twilight clouds | Dämmerungswolken |

**Klaus-Dieter Wirth**

Beim 8. Polnischen Haiku-Wettbewerb 2018 hat ebenfalls Klaus-Dieter Wirth den dritten Platz belegt mit der englischen Version seines Haiku:

| gentle breeze | sanfte Brise |
| the lifted feathers | die aufgerichteten Federn |
| of a seagull asleep | einer Möwe im Schlaf |

**Klaus-Dieter Wirth**

Eleonore Nickolay erreichte beim Haiku-Wettbewerb, der im Oktober von dem Kulturzentrum *Espace Andrée Chedid in* Issy-les Moulineaux ausgeschrieben wurde, mit folgendem Haiku den ersten Platz:

| dernier quartier de lune | Dreiviertelmond |
| le reste du chemin | den Rest des Weges |
| sans toi | ohne dich |

**Eleonore Nickolay**

# Die Haiku- und Tanka-Auswahl März 2019

Es wurden insgesamt 240 Haiku von 83 Autoren und 38 Tanka von 21 Autoren für diese Auswahl eingereicht. Einsendeschluss war der 15. Januar 2019. Diese Texte wurden vor Beginn der Auswahl von mir anonymisiert. Jedes Mitglied der DHG hat die Möglichkeit, eine Einsendung zu benennen, die bei Nichtberücksichtigung durch die Jury auf einer eigenen Mitgliederseite veröffentlicht werden soll.

Eingereicht werden können **nur bisher unveröffentlichte Texte** (gilt auch für Veröffentlichungen in Blogs, Foren, sozialen Medien und Werkstätten etc.).

## Bitte keine Simultan-Einsendungen!

Bitte vorzugsweise **alle** Haiku/Tanka **gesammelt in einem Vorgang** in das Online-Formular auf der DHG-Webseite selbst eintragen:

deutschehaikugesellschaft.de/haiku-und-tanka-die-auswahl/

Ansonsten per Mail an:

auswahlen@deutschehaikugesellschaft.de

**Der nächste Einsendeschluss für die Haiku-/Tanka-Auswahl** ist

der **15. April 2019.**

Jeder Teilnehmer kann bis zu fünf Texte – davon drei Haiku – einreichen. Mit der Einsendung gibt der Autor das **Einverständnis für eine mögliche Veröffentlichung in der Agenda 2020 der DHG sowie auf http:/www.zugetextet.com/**


## Haiku-Auswahl der HTA

Die Jury bestand aus Bernadette Duncan, Sebastian Salie und Helga Stania. Die Mitglieder der Auswahlgruppe reichten keine eigenen Texte ein. Alle ausgewählten Texte – 29 Haiku – werden in alphabetischer Reihenfolge der Autorennamen veröffentlicht. Es werden bis zu max. zwei Haiku pro

Autor aufgenommen.

„Ein Haiku, das mich besonders anspricht" – unter diesem Motto besteht für jedes Jurymitglied die Möglichkeit, bis zu drei Texte auszusuchen (noch anonymisiert), hier vorzustellen und zu kommentieren.

Da die Jury sich aus wechselnden Teilnehmern zusammensetzen soll, möchte ich an dieser Stelle ganz herzlich alle interessierten DHG-Mitglieder einladen, als Jurymitglied bei kommenden Auswahl-Runden mitzuwirken.

Eleonore Nickolay

## Ein Haiku, das mich besonders anspricht

der Sitzstein am Teich
nach dem Regen –
erwarte mich dort

**Claus Hansson**

Beim ersten Durchlesen mögen die Fragen auftauchen, ob dies überhaupt ein Haiku ist, ob die Zeilen nicht etwas altbacken klingen und das Setting zu sehr an Übersetzungen alter Haiku und eine fernöstliche Gartenlandschaft denken lässt. Kommt man dann wieder vorbei – der Sitzstein lädt zum Verweilen ein – wird dieses Gedicht vielleicht unter ‚unkonventionell‘ eingeordnet und wir erinnern uns etwa an Bashōs ‚Führe mein Pferd / übers Moor / dorthin wo der Kuckuck ruft‘*.

Gleichzeitig bemerken wir, dass trotz der klaren Sprache, trotz des Sitzsteins, des Regens und der Angabe ‚dort‘ alles sehr vage bleibt und vielerlei Möglichkeiten zulässt: Welcher Teich, welcher Sitzstein, nach welchem Regen? Nach der langen Regenzeit im Herbst oder Winter, nach einem Sommerregen oder dem Schnee tauenden Frühlingsregen? Und wer ist überhaupt der Verfasser – Mensch, Engel, Naturwesen? Wer der Adressat? Spannung entsteht: Wird er/sie diese Zeilen lesen und warten? Oder bin etwa ich und damit jegliche/r Leser/-in gemeint?

34

Das ‚Warte, warte' des Frosches im Märchen vom Froschkönig klingt an. Haben wir nicht immer die Wahl zwischen warten (den Geruch nach dem Regen bemerken, die letzten Tropfen, die in den Teich fallen, die raue Oberfläche des Steins usw.) und weitereilen? Eine fast universelle Vieldeutigkeit tut sich auf, verstärkt durch die Vermischung der Zeitebenen von Vergangenheit, Gegenwart und Zukunft. Vielleicht ist das Gedicht ja so eine Art von Rezept zum Haiku schreiben selber.

*(No o yoko ni uma hikimuke yo hototogisu; engl. Übers. v. R.H. Blyth: Lead my horse/ Across the moor/ To where the hototogisu is singing!)

Ausgesucht und kommentiert von Bernadette Duncan

Heidedorf –
kein Laden in Sicht, Kinder
mit Pfeil und Bogen
**Marcus Blunck**

Durch die Bedeutung und den Klang der ersten Zeile entsteht ein idyllisch anmutendes Bild. Es könnte eine der berühmt-berüchtigten Heimatmalereien sein, wie man sie zuweilen in bestimmten Cafés oder Wohnzimmern erblickt.

Zeile 2 liest sich daraufhin wie eine in die Szene hineingerufene Dekonstruktion dieses Eindrucks, die Aussage erinnert nun eher an eine durchreisende Familie, die den Ort auf erhoffte Versorgungsmöglichkeiten reduziert, wobei gleichzeitig eine Enttäuschung über einen Mangel an ebendiesen Ausdruck verliehen wird. Doch Vorsicht, es lauert eine Finte darin, die sich bereits durch das Komma andeutet! Die Kinder sind vielleicht gar nicht direkt angesprochen, sondern vielmehr Teil des beschriebenen Bildes.

Tatsächlich: Zeile 3 verrät, dass diese Kinder mit Pfeil und Bogen ausgerüstet sind, und es erscheint unwahrscheinlich, dass sie sich in der Fremde auf der Suche nach einem Geschäft befinden würden. Vielmehr gehören sie zu diesem Dorf und spielen dort einfach nur.

Ist die anfängliche Idylle damit wieder hergestellt? Zunächst eher nicht. Schließlich dienen hier Distanzwaffen als Spielzeug, was nicht ungefährlich ist und in manchen Augen auch von fragwürdigem pädagogischem Wert in Sachen Konfliktmanagement sein dürfte. Zudem könnte die Präsenz dieses ebenso als archaisches Jagdgerät deutbaren Equipments das in Zeile 2 beschriebene Fehlen von Versorgungsmöglichkeiten wieder aufgreifen und ihm dadurch größeres Gewicht verleihen. Demnach lässt sich das Gedicht auch als düster nachhallender Hinweis auf die Entwicklung der Infrastruktur im ländlichen Raum und eine dadurch bedingte zivilisatorische Regression in der Ödnis lesen.

Möglich ist aber ebenso das Gegenteil: Wenn man möchte, zeigt diese Skizze Kinder, die symbolisch für die Zukunft stehen und die abseits der oberflächlichen Konsumwelt spielerisch lernen, verantwortungsvoll zu handeln und nachhaltig für Nahrung zu sorgen. Das wäre schon mehr als Idylle, das wäre Utopie – und nicht die schlechteste, sofern man nicht ohnehin mit vegetarischer Kost auskommt.

Wie auch immer: Dieser Text erzeugt m. E. eine eigenartige Spannung und regt zum Nachdenken an, weshalb er mich besonders anspricht.

Ausgesucht und kommentiert von Sebastian Salie


Angelusläuten.
Einer Wasseramsel aufgefächertes Gefieder
**Ramona Linke**

Ein Haiku, das sich dem gewohnten Schema entzieht, ausgefeilt in Form und Sprache evoziert es Bilder und Gedanken.

Das Geläut mischt sich mit dem Klang des Wassers, klar und schnell fließend dürfte es sein, wie es die Wasseramsel liebt. Menschenwelt und Natur treffen zusammen, vielleicht zum Innehalten und Hoffen, dass der Lebensraum dieses scheuen Vogels erhalten bleibt.

Ausgesucht und kommentiert von Helga Stania

# Die Auswahl

Giftgasanschlag
im Hals des Nachrichtensprechers
ein Kloß
**Christa Beau**

letzter Tag
leise verschieben wir
die Worte
**Christof Blumentrath**

Heidedorf –
kein Laden in Sicht, Kinder
mit Pfeil und Bogen
**Marcus Blunck**

der unbekannte Soldat –
seine Frau legt
Blumen auf das Grab
**Gerd Börner**

bevor das Jahr verrinnt
noch einmal
zur Quelle
**Horst-Oliver Buchholz**

Herbstabend …
den Nebel rückwärts lesen
**Frank Dietrich**

der alte Meister
sein Tagewerk vollbracht -
Maserung im Licht
**Claus Hansson**

Patiencen
irgendwann
kommt doch einer
**Martin Berner**

auf weichen Sohlen
aus dem Orchestergraben
das Flügelhorn
**Christof Blumentrath**

tote Fliege
die Beine geschlossen
zu einem Stern
**Marcus Blunck**

Großvater
starrt seinen Schatten an –
Klezmerklänge
**Gerd Börner**

Nachsaison.
Ein Strandwanderer pfeift
in der Tonart des Winds.
**Reinhard Dellbrügge**

im hospiz
ein neuer tag
mittag abend
**Gregor Graf**

Dichterlesung –
unter der Steineiche
Seide im Wind
**Claus Hansson**

Kirchenaustritt ihr anderer Blick
**Birgit Heid**

Osternester
noch immer leer
ihr Blick
**Gabriele Hartmann**

Novemberlicht
durchs Laub das mir der Wind ließ
**Anke Holtz**

den Zug verpasst
und nun
die ersten Schlüsselblumen
**Eva Limbach**

Wintervögel
wir zählen die Zeit
die uns bleibt
**Eleonore Nickolay**

Versöhnung
Die Klinke fehlt – du öffnest
von innen
**Angelica Seithe**

Goldene Hochzeit
das Porzellan auf dem Tisch
makellos
**Brigitte ten Brink**

Der kräftige Windstoß
zwei Lachen
und schweigen
**Linda Weidmann**

Sommerwind das Geräusch seiner
Blätter
**Birgit Heid**

Nacht in fremder Stadt
ganz leicht fände ich den Weg
auf ihrer Haut
**Markus Heep**

Der Kater und ich
Genießen die Stille
Neujahrsmorgen
**Deborah Karl-Brandt**

Schneemorgen …
in seinen Armen
keine Worte finden müssen
**Ramona Linke**

Bügeltag
auf seinem Hemd das Auf und Ab
meiner Gedanken
**Eleonore Nickolay**

Die Schranke senkt sich
Langsam fährt ein Zug vorbei
Atempause
**Sulamith Sommerfeld**

während der Zugfahrt
lächelte er mir zu
der volle Mond
**Brigitte ten Brink**

# Tanka-Auswahl der HTA

Tony Böhle und Silvia Kempen wählten vier Tanka aus.

„Ein Tanka, das mich besonders anspricht" – unter diesem Motto werden Texte vorgestellt und kommentiert.

## Ein Tanka, das mich besonders anspricht

Schweigen
zwischen dir und mir
ein stiller See
ein totes Meer
ein Ozean auf dem Mond

**Frank Dietrich**

Schweigen an sich kann situationsbedingt sehr unterschiedliche Formen annehmen, sowohl positiv als auch negativ.

Auf educalingo gibt es folgende Definition dazu:

> „**Schweigen** ist eine Form der nonverbalen Kommunikation, bei der nicht gesprochen wird und bei der auch keine Laute erzeugt werden. Im Allgemeinen können trotz des Schweigens vom Individuum als ein Sender bestimmte Informationen mitgeteilt und Bedeutungen gezeigt werden. Eine besondere Verbreitung hat das Schweigen in den Religionen und Rechtssystemen sowie in der Spiritualität."

„*Schweigen / zwischen dir und mir*" sagt noch nichts über die Form der Situation aus. Handelt es sich um ein harmonisches Schweigen zwischen zwei Menschen, verstehen sie sich ohne Worte oder gibt es Missstimmungen, vielleicht ist ein Streit vorausgegangen? Kommt die dritte Zeile „ein stiller See" hinzu, so kann ich mir ein romantisches Umfeld vorstellen, aber der stille See könnte auch „zwischen" den beiden Personen liegen, was auf einen gewissen Abstand schließen ließe.

Dann: „ein totes Meer". Hier findet die Wendung statt, die in der vorhergehenden Zeile schon unterschwellig mitschwingt. In meinen Augen verabschiedet sich die Romantik, die Harmonie endgültig. Jetzt sehe ich eher ein Paar, das sich wahrscheinlich schon lange kennt und sich nichts mehr zu sagen hat, die Worte sind verstummt. Das wird in der nachfolgenden Zeile „ein Ozean auf dem Mond" noch verstärkt. Bildlich gesehen wird der Abstand oder die Kluft zwischen den beiden noch größer. Aber auch das Schweigen erfährt eine Steigerung. So stelle ich mir die Stille eines toten Meeres beklemmender vor als die Stille eines Sees, und auf dem Mond ist die Stille absolut. Denn Geräusche werden durch den Schall übertragen, der wiederum einen Träger benötigt. Das ist auf der Erde die Luft. Der Mond aber besitzt keine Atmosphäre und somit auch keine Luft oder anderweitigen Träger für den Schall.

Ausgesucht und kommentiert von Silvia Kempen

## Die Auswahl

Schweigen
zwischen dir und mir
ein stiller See
ein totes Meer
ein Ozean auf dem Mond
    **Frank Dietrich**

späte heimkehr
die treppe knarrt
silbrig der mond
schwankt
hin und her
    **Gregor Graf**

die bunten Eier
in den Nestern der Enkel
betracht ich
mit Verlangen und gönne mir
ein weißes
    **Gabriele Hartmann**

Weites Gelände,
Horizont zu Horizont:
Zaun, Draht und Gleise.
Die Aschegrube: leer. Kein
Rest von Mauern und Menschen.
    **Carsten Kaven**

*Kirchenglocken*

*die Zeit, die der Tag braucht    um farblos zu werden*

Haiku: Claudia Brefeld, Foto: Angelika Holweger

# Mitgliederseite

Jedes Mitglied der DHG hat die Möglichkeit, eine Einsendung zu benennen, die bei Nichtberücksichtigung durch die Jury der Haiku- und Tanka-Auswahl auf dieser Mitgliederseite veröffentlicht werden soll.

auf freiem Feld
Krähen – fressen
was blieb

**Ellen Althaus-Rojas**

Entlaubte Bäume.
das Herz dürstet nach dem Glück
des Märzenbechers.

**Thomas Berger**

Schneeregenflocken
sanftes Prickeln auf der Haut
Hand in Hand – draußen

**Eva Beylich**

Novembermond
von den Bäumen
tropft Nebel

**Hildegard Dohrendorf**

Stille Nacht
zwischen Strahler und Kirchturm
tanzen Schneeflocken

**Hans-Jürgen Göhrung**

dichte Schneedecke
fast überall
Not vereint Helfer vor Ort

**Karola Groch**

stadtplatztanne
aus dicker schneelast leuchten
noch weihnachtskerzen

**Sylvia Bacher**

als Kind nicht geschlagen
ungläubig
fragt er nach

**Martin Berner**

kreuzte meinen Weg
am Morgen, am Abend
die Schnecke

**Horst-Oliver Buchholz**

Wortwild abschießen
den Anstand erklommen
Fehlschuss mit Hörnern

**Peter-Michael Fritsch**

die wiese gemäht
ach – die blumen
die hier blühten

**Gregor Graf**

Morgenduft
backfrische Brötchen, Kaffee
Dein Parfüm

**Wolfgang Gründer**

Auf der Mittelspur
das Blinken
des Syltaufklebers

**Taiki Haijin**

Gebetsfäden
wir lösen
unsere Hände

**Gabriele Hartmann**

Singende Düne
hinter den Palmen
die Geburt des Lichts

**Birgit Heid**

Welkes Ahornblatt
segelt leis über Asphalt,
geschubst von Böen.

**Hans-Joachim Horstmann**

Eine Umarmung –
sie öffnet die Seele weit
und erfreut das Sein.

**Manfred Karlinger**

Vogelschwarm
in der Mitte fliegt
mein Traum

**Petra Klingl**

Alles wirkt farblos
Sieh hin! Blaue Farbtupfer
Der Schlehdorn leuchtet

**Reinhard Lehmitz**

der Sitzstein am Teich
nach dem Regen –
erwarte mich dort

**Claus Hansson**

im gras liegen
und die wolken befragen -
gibt's sonst noch was?

**Bernhard Haupeltshofer**

Schneelicht
Erde und Himmel
zerfließen

**Angelika Holweger**

grauer herbsttag
mutter öffnet die waschmaschine
sommerpinien-duft

**itazura**

Wildgänse ziehen
ins Neue Jahr – wohin
ein Flugzeug stört

**Ute Kassebaum**

Blättervoll Mai
April sommerheiß
Ohne Leben März

**Hildegard Korsten**

Die Nachbarn streiten.
Laute Stimmen in der Nacht.
Ich lausche dem Schnee.

**Karina Lotz**

Zum hellen Monde schaut
das kleine Kind im Bettchen –
streckt leis' das Ärmchen aus.

**Erich Meyer**

Kälte des Winters
die Vögel am Futterhaus
nun zählen wir sie

**Jutta v. Ochsenstein**

nackter winterwald
fünfzig schattierungen
von grau

**René Possél**

die obdachlose
eingemummelt auf der parkbank
friert durch den winter

**Theo Schmich**

In der stillen Luft
glänzt das Herbstlaub vor dem Blau.
Wieder sinkt ein Blatt.

**Hildegund Sell**

Im Licht der Sonne
blüht verträumt ein Edelweiß.
Schützende Berge.

**Gerhard A. Spiller**

Krokusspitzen
Raureif überzieht meine
rechte Schläfe

**Angela Hilde Timm**

Windmelodien
singst du, altes Stück Bambus.
Führst mich ganz zu mir.

**Jürgen Morgenstern-Feise**

Fünf Kilo Rogen
von Kabeljau – was tu' ich?
Anruf des Sohnes

**Masami Ono-Feller**

krötenmond
meine gedanken weichen
dem licht aus

**Sonja Raab**

in der Schublade
die alte Idee
wartet

**Evelin Schmidt**

Auf der Bühne
Ein Fasan – goldrot die Brust
Im Rampenlicht

**Sulamith Sommerfeld**

schon lange begraben
kreuzt du immer wieder
meinen Weg – Bastet

**Franz-Josef Talarczyk**

Altersblicke in die Welt
wie in einen Spiegel
grau beschlagen

**Erika Uhlmann**

Treidelweg
flussaufwärts geschleppt
leere Schiffe

**Traude Veran**

Suche die Freude
an Dingen am Wegesrand
am Vogel der singt
Auch tut es eine Blume
die aus dem Schnee herausragt

**Christa Wächtler**

heute jahrestag
alte wunden schmerzen noch
draußen weht der wind

**Birgit Wendling**

vertrautes Warten
das Wohlbefinden der Kuh
im Melkautomat

**Klaus-Dieter Wirth**

Karfreitag

die Stille
im Beichtstuhl

Haiga: Gabriele Hartmann

# Haibun

Birgit Heid

## Versinken

Am Wiesenstrand des Lodensees. Der letzte Starkregen hinterließ eine Uferzone von trockenem Laub und Schwemmholz. Mit den kurzen Holzstücken kann man ein Mobile basteln.
Der moorige Bergsee – welche Erfrischung nach dem Abstieg! Zwischen den Bäumen alte Almhäuser und ein Forsthaus. Ich kann den Blick nicht abwenden. Die Kühle des Sees und das Panorama der aufsteigenden Berge strömen in mich.

> Himmelsschlüssel
> ein Jungbulle übt
> die Paarung

Angelika Holweger

## Staub zu Staub

Berge von Bauschutt, dort wo das alte Haus stand. Mit den blinden Scheiben. Schon lange unbewohnt.
Ein Schandfleck für den Ort, sagten viele. Und doch rieche ich immer noch die dunkellila Fliederdolden im Bauerngarten und die Rosen, die empor rankten, als wollten sie das brüchige Gemäuer stützen.

> Novembergrau
> der Himmel
> falte Papiersterne

Angelika Holweger

## Vereiste Pfütze

Auf den ersten Blick ein recht gewöhnliches, etwas zersplittertes Gebilde.
Und sehr fragil. Doch die Kamera sieht mehr.
Vergrößerte Ausschnitte auf dem Bildschirm zeigen ungeahnte Wasserwelten, ganz deutlich einen Fisch. Je nachdem, welche Farben ich wähle oder verstärke, könnten es auch Versteinerungen sein. Dort eine engelsgleiche Gestalt. Und hier eine aufbrechende Knospe.

> durch einen Spiegel
> in einem dunklen Wort*
> dein Gesicht
> mein Gesicht ...
>     * aus 1. Korinther 13


Christof Blumentrath

## fernes Land

Das Straßencafé ist am Vormittag bereits gut besucht.
Ich entdecke einen freien Platz, rücke den Metallstuhl zurecht, hänge meine Jacke über die Lehne und drehe mich in den Schatten der großen Platane.
Es knirscht verheißungsvoll, als ich den kleinen Löffel über den Boden der feinen Tasse führe.
In dem Eisbecher, welchen mir der Kellner bringt, steckt ein buntes Papierschirmchen.
Ich drehe den hölzernen Stiel zwischen meinen Lippen und denke, dass sich seit 30 Jahren nichts geändert hat.
In dreißig Jahren werde ich tot sein. Oder in dreißig Minuten.

Nachdem ich bezahlt habe, gehe ich hinunter zum Fluss, setze mich ins Gras und betrachte das gegenüberliegende Ufer. Ich war immer ein guter Schwimmer gewesen.

> vor der OP
> ein guter Tag
> um fischen zu gehen

Bernadette Duncan

## Gold

Ob es die vielen Meilen waren, die wir am Vortag zurückgelegt hatten, oder einfach nur die würzige Bergluft – jedenfalls schlafen wir wie Murmeltiere und blicken morgens aus den taunassen Zelten in den vom Fluss her aufsteigenden Nebel.

> keine milch mehr
> im dorfladen
> nur schüsseln und pfannen

Als wir später auf den Weg gen Osten einschwenken, begrüßt uns eine schnell an Kraft gewinnende Sonne sowie ein älterer Herr, der eben verschiedene Gerätschaften aus seinem Gefährt hievt. Den Gruß erwiderten wir wohl mit neugierigen Blicken, denn alsbald kommen wir in den Genuss, verschiedene Techniken des Goldwaschens erklärt zu bekommen. Auch die Kunst der unbestimmten und keine Nachfrage erlaubenden Geste in Bezug auf ‚seine' Stelle am Fluss ist bemerkenswert. Wir verabschieden uns mit der Zufriedenheit derer, die um Sinn und Zweck der bevorstehenden Aufgaben wissen und gehen unserer Wege.

> noch jahre danach
> auf vergilbten fotos
> unser strahlen

Bernadette Duncan

# Wind of Change

Die Märzsonne enthebt von der Notwendigkeit, sich am Kaffeebecher
festzuhalten, und beide Hände sind auch nötig, um den beim Stöbern auf-
getauchten ‚Königsgaukler' von Manfred Kyber zu lesen und gleichzeitig
vor dem Zerfall zu bewahren.
Auf der Stufe zur Terrasse döst ein Seidenhuhn. Auf den Jahrmärkten des
18. Jahrhunderts als Mischung zwischen Huhn und Kaninchen feilgehal-
ten, ist es inzwischen ganz glücklich mit seiner Identität als putzige, flug-
unfähige Verwandte des Haushuhns und auch das mütterliche ‚Sieh mal,
ein kleiner Truthahn!' vom Gartenzaun her bringt es nicht aus der Ruhe.
Das so belehrte Kind lugt neugierig durch die hölzernen Latten.

nach dem winter
eine unbekannte blume
am tor


Gabriele Hartmann

# Kölnisch Wasser

Ein Brauhaus. Wir treten ein. Stimmengewirr schlägt uns entgegen, ebbt
kurz ab, erstarkt zum Orkan. Leere Blicke streifen uns, wenden sich wie-
der einander zu. Hinter dem Tresen schäumt es aus dem Hahn.
„Siebenundvierzig", knurrt einer. „Leberzirrhose." Die anderen nicken.
Der Köbes stellt uns Kölsch hin und bringt den Gästen am Stammtisch
eine neue Runde. Automatisch. Keiner setzt aus. Dann hätte man rechtzei-
tig einen Bierdeckel aufs Glas legen müssen. An den Wänden prangen
Sprüche: „Promilleweg", „Wir müssen aufhören, weniger zu trinken" und
„Kein Alkohol ist auch keine Lösung."
Die elf Männer sind dunkel gekleidet, frisch rasiert und mit Wasser ge-

kämmt. Den leeren Stuhl hat man an die Wand gerückt. Wir legen Untersetzer auf unsere noch halb gefüllten Gläser. Über dem Ausgang ein Blechschild: „Große Freiheit".

Rheinterrassen
gegen den Strom
zwei Fische


Horst-Oliver Buchholz

## Der Akkordeonspieler

Es ist noch dunkel, als ich morgens die Bahnunterführung passiere, die zu meinem Abfahrtgleis führt. Dort sitzt er wieder, wie jeden Morgen an gleicher Stelle, hingekauert auf einem Bündel – ein älterer Mann vor gefliester Wand. Eine Neonröhre flackert. Der Mann spielt Akkordeon, den Kopf leicht geneigt, nicht frei von Hingabe, sein Oberkörper wiegt sich vor und zurück, bald seitlich. Er ist in eine bunte Decke gehüllt und trägt fingerlose Handschuhe. Zu seinen Füßen liegt ein Hund, der grau ist wie der Herr im Anzug, der vorübergeht. Ich höre eine Weise, die ich nicht kenne, nie hörte, sie ist fremdländisch, kommt wohl von weit. Ich höre die fremde Weise und weiß … sie wird mich begleiten bis in die Nacht.

Abschied nehmen
der Stille
Ankunft

# Tan-Renga

Horst-Oliver Buchholz und
Angelika Holweger

das Kaminfeuer
erlischt
wir zerreden die Nacht

verstimmt schon seit Jahren
sein Klavier

AH / HOB

Horst-Oliver Buchholz und
Angelika Holweger

Birkenallee
von Schatten zu Schatten
das Licht

dieses Geräusch –
rotierende Windflügel

HOB / AH

Claus Hansson und Helga Stania

herbstlaub
bestelle den fisch
mit safransauce

west-östlicher diwan
lange her die reise

HS / CH

Ilse Jacobson und Helga Stania

könnte ich Güte malen –
Großmutters Augen

vor Hoppers Nachtschatten   schweigen

IJ / HS

# Rengay

Brigitte ten Brink und Gabriele Hartmann

## teilen den Himmel

eingeschlossen
im Labyrinth der Bücher
tropfende Kerzen

von oben herab – die Strickleiter
des Elfenbeinturms

Erinnerungen
an das Lächeln
in ihren Augen

Casablanca …
Propellerflügel teilen
den Himmel

weit südlich
auf ein neues Leben warten

mit dem Finger
skizziert er
Atlantis

BtB: 1, 3, 5 / GH: 2, 4, 6

# Kettendichtung

Ramona Linke und Helga Stania

## Heimkehr
Rasika-Renku

| | |
|---|---|
| welke Düfte<br>mondhell der Spiegel<br>des Rehs | Herbstmond |
| Heimkehr<br>an Luthers Brunnen Kraft schöpfen | keine Jahreszeit |
| behutsam schreiben<br>wir eine Spur<br>in den Schnee | Winter |
| *der sinn des lebens**<br>sie geht offline | keine Jahreszeit |
| reifes Korn<br>er trägt ihn<br>über die Schwelle | Sommerende/Liebe |
| wie in Bewegung erstarrt<br>des Kaisers Tonkrieger | keine Jahreszeit/Liebe |
| die Wurzeln<br>des Gelben Enzians<br>ausgraben | Frühling/Blüte |
| eine Hängebrücke<br>wiegt das Morgenlicht | keine Jahreszeit oder Frühling |

HS: 1, 3, 6, 8 / RL: 2, 4, 5, 7

*Satire der britischen Komikertruppe Monty Python

Claus Hansson und Ilse Jacobson

## Sommerwind
Renhai

ihre Gedanken
*ausgesetzt auf den Bergen\**
das Schweigen bricht                    CH

im See ein zitternder Mond              IJ
weiter zieht es Pegasus                 CH

fliegen
wie unser Atem tanzt
mit dem Sommerwind                      IJ

\* Rainer Maria Rilke


Claus Hansson und Ilse Jacobson

## Gesänge der Frühe
Renhai

als hätte ich sie nie
gehört
*Gesänge der Frühe\**                   IJ

barfüßig am Strand entlang              CH
mit Schaumwein den Abschied feiern      IJ

im Business-Anzug
ruhelos
der Clochard in mir                     CH

\* Robert Schumann

54

Es können auch längere und lange Kettendichtungen eingereicht werden, diese werden dann aber nicht mehr im SOMMERGRAS, sondern auf der DHG-Website parallel zur jeweiligen SOMMERGRAS-Ausgabe veröffentlicht. Auf diese Weise wird die gemeinschaftliche Kettendichtung besser gefördert, da es so keine Platzeinschränkungen mehr gibt, die beim SOMMERGRAS ja immer eine Rolle spielen.

Die Kettendichtungen (*renku*) bitte immer mit dem zugrunde liegenden Schema und Anmerkungen einreichen, da es so für die Leser besser nachvollziehbar ist.

Wir freuen uns auf Ihre Zusendungen!

Haiga: Volker Friebel

# Leserbriefe

Die SOMMERGRAS-Redaktion freut sich immer über Leserbriefe, jedoch ist das Einreichen eines Leserbriefs keine Garantie für den Abdruck. Der Umfang sollte ein bis zwei SOMMERGRAS-Seiten (A5) nicht überschreiten. Kürzungen/Abdruck von Auszügen behält sich die Redaktion in Absprache mit dem Einsender vor.

### Leserbriefantwort zu SG 123, S. 68

Im letzten SG 123 gab Reinhard Dellbrügge eine Stellungnahme zu meiner Erweiterung seines Kommentars des Haiku

> Kirchenruine
> das Gewölbe
> der Himmel

von Frank Dietrich ab.

Als Vorstandsmitglied betrachte ich das zunächst durchaus positiv, wird doch das Leserbrief-Forum viel zu selten von unseren Mitgliedern wahrgenommen. Befremdlich empfand ich jedoch den in diesem Fall gewählten Tenor, da mir hier expressis verbis eine *Unterstellung* vorgehalten wird. Tatsächlich habe ich mit keinem Wort dem besagten Kommentar widersprochen. Auch der jetzt erfolgte ausdrückliche Hinweis, dass man „der Himmel" auch als Singular auffassen kann, erschien mir bereits seinerzeit selbstverständlich, also überflüssig. Wichtig war mir allein, ergänzend auf die unerwähnt gebliebene Interpretationsmöglichkeit aufmerksam zu machen. Ein überzeugendes Haiku weist eben immer besonders viel Deutungspotenzial auf!

Klaus-Dieter Wirth

## Zwei neue Zettelchen hängen an meiner Pinnwand

Zwei Haiku, die mich bei der Lektüre der Anthologie 30 Jahre DHG unmittelbar angesprochen haben.

Neujahrsmorgen
die Meise ruft
wie gestern
    Petra Lueken

Ein in seiner Kürze einprägsames Haiku. Die Autorin hat die Worte sorgfältig gewählt. Keines zu viel aber auch keins, das man weglassen könnte. Ein kompakter in sich geschlossener Text, der klingt.

*Neujahrsmorgen*, ich lausche in das neue Jahr, was wird es bringen, schwanke zwischen freudiger Erwartung und Angst vor dem Unbekannten. Es ist dieser eine, besondere Morgen im Jahr. Da, am Futterbrett, *die Meise ruft*. Sie spricht mich an, will etwas sagen. Gesang ist ihre Sprache, in der sie ruft, wie gestern und vorgestern auch. Ob sie weiß vom neuen Jahr? Wie doch die Zeit vergeht! Das alte Jahr liegt in Scherben. Ein paar alte Gewohnheiten gerade noch ins neue Jahr gerettet. Viel zu viele, ach! Was treibt das Vögelchen zu singen? Achtung, hier ist mein Revier oder heute Morgen muss ich einfach singen? Spontan fällt mir der Frosch von Bashō ein:

Der alte Teich
ein Frosch springt hinein –
das Gräusch des Wassers
    aus: Krusche, D. (1994)

Ein unbedeutendes Ereignis bei beiden Haiku. Der Hauch von *mu-shin* auch im Haiku von Petra Lucken. Bashō würde seine Freude haben.

Regenzeit
*presto – largo – ritardando*
auf meinem Schirm
    Yuko Igarashi

Eine dreisätzige Sonate, ein virtuoses Solostück für aufgespannten Regenschirm! Solist, der Regen. Auch hier beeindrucken mich Kürze und Klang! Nichts zu viel, nichts fehlt! Die Pastorale von Beethoven, Haydn kommen mir gleich in den Sinn.

PRESTO

Regen peitscht über grauen Asphalt, Blitz und Donnergrollen, auf Bistrotischen trommeln Tropfen um die Wette. Schnell den Schirm geöffnet. Der Bus hat Verspätung. So warte ich, warte.

LARGO

Der Regen prasselt gleichförmig weiter, es sieht nach Dauerregen aus, Hose und Füße werden langsam nass und kalt. Wo bleibt nur der Bus? Ich stehe immer noch da, der Blumenstrauß welkt.

RITARDANDO

Endlich, es scheint, dass der Regen vielleicht nachlässt. Ein zager Sonnenstrahl drängt sich durch die Wolken, leises Poltern noch von weit her. Der Solist verneigt sich. Applaus, ich pflichte bei.

Gregor Graf

Mondnacht …
lehne mich an dein Bild

Haiku: Ilse Jacobson
Foto: Angelika Holweger

Haiku: Ilse Jacobson, Foto: Angelika Holweger

# Rezensionen/Besprechungen

Birgit Heid

## Den Himmel wiegen

**Den Himmel wiegen** von Jean-Claude Lin. 29 Haiku. AQUINarte Verlag, Kassel. 2018. ISBN-10: 3933332036.

Jean-Claude Lin, geboren 1955 in London, besuchte u.a. die New School Kings Langley, eine der ersten Waldorfschulen in England. Er studierte Sinologie (chinesische Sprache, Literatur und Philosophie) an der School of Oriental and African Studies an der Universität London und Philosophie, Mathematik und Geschichte der Naturwissenschaften an der Universität Stuttgart. Er war in der Leitung des Verlags Freies Geistesleben tätig und ist seit 2015 Geschäftsführer für die Verlage Freies Geistesleben und Urachhaus.

Das Bändchen im Format 14,5 x 18 cm ist äußerst angenehm in die Hand zu nehmen, der Einband besteht aus einem festen, etwas rauen, chamoix-weißen Büttenpapier. Anstelle eines Titelbildes befindet sich auf dem Einband die Prägung eines stilisierten Bambuszweiges. Der Titel „Den Himmel wiegen" und der Name des Autors Jean-Claude Lin finden auf dem Einband leider keine Erwähnung. Zwar ist beides auf den Buchrücken gedruckt, jedoch recht zart und nicht rasch aufzunehmen. Wenn man das Buch aufschlägt, liegt vor dem eigentlichen Titelblatt – als Zwischenblatt – eine handgedruckte, sehr schöne Serigrafie auf original Japanpapier. Das Titelblatt verrät nun (nochmals) Autor, Titel und Genre. 29 Haiku. Eingeteilt sind die Haiku in zwei Kapitel und eine kleine Zugabe. Aufgrund der hochwertigen Erscheinung seiner Formgebung gerät der Leser in einen wohltuenden Entschleunigungsprozess, der die Sinne ganz auf die zu lesenden Zeilen lenkt. Verstärkt wird das Empfinden durch manche Entstehungsnotizen auf der gegenüberliegenden Buchseite. Das erste Haiku (S. 7):

Blauer Himmel
der Mond nur noch ein Hauch
der Morgenbrise

fängt diese kontemplative Stimmung auf, sodass man sich in die Zeilen und Worte versenken kann. Dieses Miteinander von Form und Inhalt wirkt äußerst gelungen. Blättert man weiter, so begegnet einem eine ganze Fülle von Haiku, deren Anklang an die Natur tief zu wurzeln scheint. Es sind zarte Bilder, die von achtsamer Empfindung herrühren: S. 11:

Ohne Blätter
wie die Erde ihre Hände
in den Himmel streckt

Zum Nachdenken regt das Haiku auf Seite 19 an:

Baumpeonie
zwei Blüten auf dem Tisch
und Zwetschgenkuchen.

Abgesehen davon, dass sie meines Wissens Päonie heißt, verwundert der nicht ganz passende zeitliche Zusammenhang. Dann handelt es sich möglicherweise um einen aufgetauten Kuchen. Im übertragenen Sinn nimmt man die Herbst-Erinnerung mit ins Frühjahr. Oder es handelt sich um getrocknete Blüten. Die Bewahrung von schönen Erinnerungen scheint im Mittelpunkt zu stehen. Endet hier das Haiku? Stehen die zwei Blüten vielleicht für zwei Menschen? Der Tisch scheint gedeckt zu sein, bereit für die Zweisamkeit. Das Rätsel ist für mich nicht lösbar. Das Geheimnis bleibt bewahrt.

Dem Leser fallen Wort- und Sinnwiederholungen auf. Der „Himmel" beispielsweise findet sich sechsmal wieder. Viermal handeln Haiku von „Rosen". Zwei Beispiele: S. 23 und 25:

Blühende Rose
so lang gestreckt dem Sommer nach
wippend im Wind

Dass eine lang gestreckte Rose jahreszeitlich eher in den Herbst gehört, ist sicherlich allgemein bekannt, von daher ist die Erwähnung „dem Sommer nach" eine Wiederholung. Man hätte entweder auf „lang gestreckt" oder auf „blühend" verzichten können, um der Bilderflut ein wenig Herr zu werden. Bei einer blühenden Rose sehe ich einen mehrblütigen Rosenbusch. Lang gestreckt assoziiere ich eher mit einzelnen Ruten, um die es hier ja eher geht. Vielleicht handelt es sich hier aber auch um die Gegenüberstellung der Sommer- und der Herbstrose. Dann jedoch liegen die zwei Bilder zu nah zusammen, die Trennschärfe fehlt. „Dem Sommer nach" lässt mich an herbstliche Kühle und Wind denken. Auch fragt sich, welche Bedeutung das Wippen im Wind hat. Ein possierliches Trauerspiel? Fröhlich dem Verblühen entgegen? Vanitas? Vielleicht. Neben den nach meinem Geschmack zu vielen Bildern scheint mir hier die Floskel „dem Sommer nach" eine Interpretation oder Vermenschlichung zu sein. Außerdem sind es mir hier zu viele Adjektive, auf die in meinem Haiku-Verständnis eher verzichtet werden sollte.

Den Himmel wiegen
wie die langestreckte Rose
nach dem Regen

(Anmerkung: ein g in „lang gestreckte" dürfte nicht korrekt sein.)

Man sollte nicht nochmals von einer lang gestreckten Rose schreiben und den Herbst gegen den Regen tauschen. Diese Haiku-Ähnlichkeit mit dem vorherigen ist leider enttäuschend zu lesen. Darüber hinaus stört mich das Wort „wie". Wenn man mit einer Metapher arbeitet, dann sollte man sie nicht auch noch durch ein „wie" verdoppeln, indem hier angedeutet wird, dass eine Person oder möglicherweise eine Vorstellung von Gott den Himmel wiegt und die Rose es ebenfalls tut. Anstelle von „wie die" hätte ich mir besser schlicht „eine" vorstellen können. Der Regen hingegen berührt mich, denn ich spüre, dass eine Schwere vorüber gegangen ist.

Manche Haiku tragen auf der entsprechenden linken Buchseite ein Entstehungsjahr, eine Anmerkung zur Entstehung oder Übersetzungen. Gelegentlich birgt das entsprechende französische Haiku mehr Konkretheit und Poesie. Beispiel S. 34 und 35:

| | |
|---|---|
| Vendredi Saint | Nachts am Karfreitag |
| passant par la Gare de l'Est | der Vollmond über den Gleisen |
| la pleine lune sur les voies | komme ich an. |

Die dritte Zeile der deutschen Fassung klingt in meinen Ohren etwas nüchtern und wenig konkret, und die Szene mit dem Vollmond wirkt mehr wie eine Kulisse, während sie in der französischen Version den krönenden Abschluss bildet.

Von den vorliegenden 29 Haiku würde ich neun einer eher meditativen Richtung mit einem sehr ruhigen Bild zuordnen, zwanzig einer tendenziell spannenderen Schreibweise mit zwei Bildern. Von den neun ruhigeren Haiku empfand ich vier als sehr gelungen und fünf noch nicht genügend in die Tiefe gehend. Von den zwanzig übrigen Haiku gefielen mir acht Haiku ausnehmend gut. Die zwölf verbleibenden Haiku teilen sich in vier, welche ich als relativ distanziert bzw. wenig konkret empfand, sieben, bei denen es mir an Besonderheit oder Spannung fehlte, und einen Aphorismus (Seite 33).

Hin und wieder hätte ich mir zwar eine größere Vielfalt, Tiefe und Konkretheit der Haiku gewünscht, doch letztendlich überwiegen bei den von Jean-Claude Lin geschriebenen Zeilen die Ruhe des mitfühlenden Lebens, weswegen sie mir als Ruhetexte zuallermeist gut gefallen haben.

Mein Lieblingshaiku ist (S. 47):

An deinem Bett
eine Apfelsine teilen
Neumond vor Ostern

Rüdiger Jung

# Spatzengeplauder

**Spatzengeplauder** von Volker Friebel. 601 Haiku in vier Jahresläufen. Edition Blaue Felder, Tübingen. 2018. ISBN 978-3-96039-018-3. 160 Seiten.

Volker Friebel, einer der großen Kenner der deutschen Haiku-Dichtung, ihrer Vielfalt und Tendenzen, legt mit „Spatzengeplauder" eine umfängliche Zusammenschau eigener Haiku vor, die chronologisch an den Band „Gejagt von Wolkenschatten" von 2013 anschließt. Ebenso signifikant wie sympathisch schreibt er in seinem eigenen Vorwort: „Ansonsten – wie heißt es zum Haiku? Weniger verstandes- mehr wahrnehmungsorientiert sollte es sein. In der Gegenwart angesiedelt. Und kurz. Aber Dichter und Spatzen scheren sich kaum um Definitionen, sondern quatschen, wie ihnen der Schnabel gewachsen ist." (S. 6)

Besonders vermerkt sei, dass eines der Haiku des großen Haiku-Dichters Mario Fitterer gedenkt (S. 27). Haiku leisten selbst so etwas wie „Definition" – als Entdeckungen auf unbekanntem Terrain:

Treibender Nebel.
Ein Schemen im Fluss
reißt an der Angel.            (S. 22)

Eine der großen Stärken des Haiku ist, Dinge genau und damit ungewohnt, neu und verblüffend zu sehen:

Schneeland.
Ein Traktor pflügt
Krähen.            (S. 25)

Amselkadaver.
Auf dem wühlenden Mistkäfer
ein Glanz.            (S. 29)

Die Trauer um die Amsel mag so eindeutig sein wie das Verhältnis zum Mistkäfer gespalten. Aber der „Glanz" hat nicht nur sein Recht als präzise sinnliche Wahrnehmung. Gerade der Mistkäfer ist Teil dessen, dass das Leben dem Tod nicht einfach den Raum überlässt. Auch die Amsel ist keineswegs nur Gesang:

> Zwischen zwei Strophen
> die Amsel auf dem Dachfirst schnappt
> nach der Fliege.                    (S. 35)

In Japan hat das Haiku einen eigenen zusätzlichen Referenzraum in der literarischen Tradition. Wer sagt, das ginge im Westen nicht? Mich jedenfalls erinnert

> Bushaltestelle.
> Windböen. – Und plötzlich
> ist Herbst.                    (S. 45)

an das epochale „Ed e subito sera" Salvatore Quasimodos. Für das Vergehen der Zeit findet der Autor ein ebenso schlichtes wie eindringliches Bild:

> Geburtstag!
> An der Bahnhofsuhr dieser
> ruckelnde Zeiger!                    (S. 52)

Am ehesten wohl ist die Zeit ein stilles, unmerkliches Fließen. Aber wer je einer Bahnhofsuhr genau zugeschaut hat, weiß um die sechzig Schritte des Minutenzeigers, die Zeit merklich und fassbar machen als jene Zäsuren und Einschnitte, die unserem Zeitempfinden bei Jubiläen und Jahrestagen genau entsprechen.

Vom Versehrenden und Verzehrenden, davon, dass Leben Kraft kostet, spricht auch das Wahrnehmen der Natur:

Holunderbeeren –
schwarz geworden
im Licht.                     (S. 75)

Kein Zweifel: Der Haiku-Dichter Volker Friebel ist einer, bei dem man
das genaue Sehen und Aufzeichnen lernen kann:

Aus der Einöde
Staub, ein Esel, ein Mann,
der ihn reitet.                (S. 99)

Und das genaue Hören – mit der verblüffenden Einsicht, dass Stille schon
da beginnt, wo ein Laut alle Aufmerksamkeit auf sich zieht und sich auf
Kosten aller anderen durchsetzt:

Trubel im Bahnhof.
Um das Klacken des Blindenstocks
Stille.                        (S. 82)

Die Herkunft des Haiku aus dem Zen wird deutlich, wo es unsere ach so
gesicherten Kausalitäten über den Haufen wirft:

Der Alte schwingt
seinen Besen. Immer mehr
blauer Himmel.                 (S. 77)

Das klingt, als könne der Alte besenschwingend immer mehr blauen
Himmel freilegen. Eine neue verblüffende Perspektive auf das, was man
gleichermaßen als Abzugsschach der Bäume umschreiben könnte. Herbst
freilich ist nicht nur Ästhetik, Herbst ist bedrohte, gefährdete Existenz:

Fallendes Herbstlaub.
Der Spatz fliegt
in einen anderen Baum.         (S. 80)

Einmal werden (fast) alle ihr Laub verloren haben. Das Vergängliche, Transitorische, Ephemere unseres Daseins leuchtet auf – in einer Wehmut, die keine Larmoyanz kennt, die leise gerät und innig:

Seinen Koffer verschnürt –
der Mann starrt auf den Boden
des Zugabteils.          (S. 75)

Wo christliche Tradition das Leben im Sinnbild des Pilgerpfads zu fassen suchte, ist heute die Migration, die zum Inbild taugt. Es bleibt nicht aus, dass die kleinen, überschaubaren Abschiede des Alltags Transparenz gewinnen auf einen größeren hin:

Nach der Haiku-Tagung:
Die Hotelschlüssel kehren
ins Fach zurück.          (S. 122)

Saisonende.
Der Wirt am Strand schraubt
seine Karte ab.          (S. 140)

Am Ende steht gleichwohl die Leichtigkeit des Seins, die metaphysische Heiterkeit:

Den Zug verpasst.
Wir tanzen Walzer
im Schnee.          (S. 149)

Rüdiger Jung

# wundgelebt

**wundgelebt** von Petra Klingl. Berlin, epubli. 2018. ISBN 978-3-7467-2932-9. 64 Seiten.

Ich schätze sie – die wenigen, aber bemerkenswerten Haiku und Tanka, die Petra Klingl in ihren jüngsten Band mit Kurzlyrik eingestreut hat. Von insgesamt 50 Kurzgedichten weist etwa ein Viertel die Nähe zu den japanischen Formen auf. Ein heterogenes Unterfangen? Vielleicht. Immerhin stehen neben Haiku freie Kurzgedichte hochemotionalen Charakters. Aber ich meine, das sei ein Nebeneinander, das den Versuch lohnt. Ist es nicht die durchgängige Monokultur, in der sich gute Haiku oft neben weniger starken verlieren? Und kann nicht ein Nebeneinander verschiedener Kurzlyrikformen dazu angetan sein, das Besondere am Haiku um so mehr herauszustellen? Eine Sinnlichkeit etwa, die durchaus an die großen japanischen Meister gemahnt:

> Am Pfützenrand
> Ein Spatz trinkt
> aus der Sonne            (S. 36)

Die Poesie liegt darin, dass die Schreibende ganz Auge ist. Und sich doch zugleich darin nicht erschöpft:

> Am Hang
> Bäume wurzeln
> über mir            (S. 46)

Ein ganz realer Sinneseindruck dürfte Pate gestanden haben. Und hat – in dem Moment, wo er Sprache wird – ein großes Potenzial an Irritation. „Bäume", die „über mir" „wurzeln" – müsste ich dann nicht ein Teil des Erdreichs sein (eine Vorstellung, die zumal der lateinamerikanischen Lyrik nicht fremd ist)? Müsste ich, wäre da nicht der „Hang". Aber Irritationen in Gedichten weichen nicht einfach Argumenten. Sie bleiben – und erwei-

tern den der Lyrik korrespondierenden Vorstellungsraum. Umgangsspra-
che und Redewendungen tun an dieser Stelle das Ihre:

Glatteiswarnung
ich laufe
neben der Spur                (S. 29)

Wer nach eigenem Bekunden „neben der Spur" ist, befindet sich in einem
emotionalen und rationalen Ausnahmezustand, ist nicht bei sich, schlim-
mer noch: nicht bei Trost; hat den Bezug zur eigenen Mitte verloren. Wer
dagegen bei „Glatteiswarnung" „neben der Spur", „läuft", der geht gerade
auf Nummer sicher, indem er das glatteste Stück der Wegstrecke meidet.
Nicht die große Zahl macht den großen Haiku-Dichter. Eher das Einzel-
gedicht, das überzeugt:

Neben der Parkbank
webt eine Spinne webt
meine Blicke in den Strauch    (S. 53)

Dieses Haiku bietet selbst, wovon es spricht: eine geradezu hypnotische
Faszination!

# Berichte

Beate Wirth-Ortmann

## Herbstblätter rauschen in Wiesbaden-Bierstadt
6. Haiku-Workshop

Wie schön, dass sich auch immer wieder neue Gesichter einfinden, die der Einladung von Ruth Karoline Mieger zum Haiku-Workshop folgen.

Nach einer fröhlichen Vorstellungsrunde erfolgte im Schnellverfahren eine abgespeckte Wiederholung der Grundzüge des Haiku. Aber die meisten alten Hasen kannten ihr Metier, sodass die eigentliche Arbeit an den von den Teilnehmern vorgetragenen Haiku bald in Angriff genommen werden konnte.

Dafür war kein Whiteboard nötig, sondern die alte Kulturtechnik von Tafel, Schwamm und Kreide reichte völlig aus, um die Texte für alle lesbar zu machen.

Aus der Fülle der besprochenen Werke hier nur einige Beispiele. Dabei ergaben sich immer wieder auch grundsätzliche Diskussionen zu Form, Inhalt und Wesensmerkmalen des Haiku. Das war ja auch letztlich der Sinn der Veranstaltung, denn Hören und Hinterfragen des Gehörten ermöglicht erst eine persönliche Weiterentwicklung. Die vorgeschlagenen Änderungen blieben aber letztlich für jeden Autor nur ein Denkanstoß, dem er in seiner dichterischen Freiheit folgen konnte oder auch nicht.

Einige Teilnehmer erklärten vor dem Vortrag zunächst die Situation, die ihnen dann zum Haiku-Moment wurde.

Auf der letzten Flugreise beeindruckte etwa das Netzwerk von Kondensstreifen. Daraus wurde:

Kondensstreifen
die Flüge/Flugschau der Schwalben
bleibt ohne Spur(en)/ohne jede Spur/spurlos

Kondensstreifen
spurlos
die Schwalbenschwünge

Auf einem Spaziergang während der Kirschblüte fiel der Blick auf eine Astgabel im alten Baum. – Die Karriereleiter erschien zu stark auf den menschlichen Bereich bezogen, weshalb der „Sprung" des Löwenzahns auf die Karriere reduziert wurde:

Karriereleiter
im alten Kirschbaum blüht
Löwenzahn

Karriere
im alten Kirschbaum
blüht Löwenzahn

Gleich überzeugend war folgendes Haiku:

auf dem naturfriedhof
stille
zwischen zwei flugzeugen

Bei einer Trinkpause im Schnee wurde ein Gefäß vergessen, das zu folgenden Versionen inspirierte, wobei unbewusst in klassischer Anspielung der Name „Issa = Tasse Tee" verwendet wurde:

diese Tasse Tee …
schaut angefroren
nach dem Frühling aus

meine Teetasse
verweigert angefroren
den warmen Schluck

meine Tasse Tee
sitzt angefroren
den Winter aus

Die sehr giftige Kuhschelle ist ein Hahnenfußgewächs und war 1996 Blume des Jahres. Hier blieb die Aussage durch Kürzungen bestehen:

Kuhschelle im Frost gebeugt
zwischen Eiskristallen schimmert
etwas Blau

Kuhschelle gebeugt
zwischen Eiskristallen
etwas Blau

Die subjektive Wertung im Gedicht wurde aufgelöst:

Sonnenstrahl –
welch zärtliche / sanfte / warme Berührung
im Herbstwind!

Sonnenstrahl
welch eine Berührung
im Herbstwind!

Folgendes Beispiel zeigte beispielhaft ein unterschiedliches Kontextverständnis, die meisten dachten an ein Ambulanzfahrzeug und nicht an Bombenalarm:

Sirenenheulen
sie rettet sich mit
Asthmaspray

Sie rettet sich mit
Asthmaspray
diese Sirenen!

Trübes Wetter im Herbst, die Wohnung ist kalt beim Nachhausekommen, zuerst der Griff zur Gitarre. – Die reale Situation des Haiku-Moments unter Aufgabe der Wertung wird durch den Scharniervers verdichtet:

Dunkle Jahreszeit
Stimmung im Keller
erhellende Töne

Dunkle Jahreszeit
in der kalten Wohnung
klingt meine Gitarre

Ein Foto mit einer Person in einer Yogaposition ist die Grundlage folgender Gedanken in Haiku-Form:

Körper Geist Seele
Lebensfluss der Gefühle
Himmel Erde Mensch

An diesen Zeilen konnte einmal mehr auf die Besonderheit der asiatisch/japanischen Denkstruktur hingewiesen werden, die eben **nicht** die westliche Fragestellung beinhaltet: „Wo komme ich her, wo gehe ich hin, was ist der Mensch?"

Der Mensch im östlichen Denken reflektiert **nicht** die Welt als Subjekt-Objekt, also **nicht** im Sinne des westlichen Dualismus, sondern sieht sich als ebenbürtiger Teil des Gesamten im Hier und Jetzt.

Daher erscheint die Textgrundlage hier für die Form eines Haiku ungeeignet.

Leider beendete die Reinigungscrew jedes weitere Denken und Diskutieren, sodass die Fortsetzung auf den **14. April 2019** an gleicher Stelle zur gleichen Stunde festgelegt wurde.

Claudia Brefeld

# Ein Jahr „Haiga im Focus"

Das Projekt „Haiga im Focus" ist eine deutschsprachige Internetplattform, auf der monatliche Haiga-Auswahlen veröffentlicht werden. Mein Ziel und Anliegen war und ist, eine große Bandbreite der Haiga-Gestaltung zu zeigen. Diese reicht vom traditionellen Haiga bis hin zu den künstlerischen Ausdrucksformen des modernen und experimentellen Haiga, wobei das wichtigste Kriterium die Haiga-Ästhetik bleibt. Ion Codrescu hat u. a. zur Gestaltung des Haiga kurz und treffend formuliert: „Der wichtige Punkt ist, seinen Geist zu behalten." (Simply Haiku 2010/06/22)

Und Stephen Addiss hat es in seinem Buch „Haiga – Takebe Sōchō and the Haiku-Painting Tradition" auf Seite 18 folgendermaßen zusammengefasst:

> „Was auch immer das Thema war, Haiga wurde von Dichtern und Künstlern gemalt, die glaubten, dass Worte allein nicht alle Bedeutungsschichten im Haiku transportierten. In den besten Haiga wird eine Konzentration von verbaler und bildlicher Vision geschaffen, die in erster Linie aus einem erhöhten Bewusstsein der Natur einschließlich der menschlichen Natur stammt. Dieses Bewusstsein wird am besten durch Suggestion und nicht durch vollständige Definition ausgedrückt. Wie der Gelehrte John Rosenfield über die japanische Kunst angedeutet hat, bedarf es umso weniger bildlicher Details, je stärker die Kraft der poetischen Inspiration ist. Was die Haiga der Dichterkünstler vereint, von Bashō im 17. Jahrhundert bis Shimomura Izan (1865–1949*) im 20. Jahrhundert, ist der einfache, direkte und unprätentiöse Malstil, der mehr Bedeutungen suggeriert, als er definiert."

Dies war und ist bis heute für die Qualität eines Haiga entscheidend.

## Die ersten 12 Ausgaben von „Haiga im Focus"
Es folgten 75 Einsender meiner Einladung und beteiligten sich mit insgesamt 418 Werken (darunter 3 englische, 25 Gemeinschaftswerke und 2

Foto-Tanka), von denen 271 veröffentlicht wurden. Davon wurden wiederum 58 besonders hervorgehoben.

Ausgabe eins erreichte mit 52 die meisten Einreichungen, gefolgt von Ausgabe zwei mit 45, Ausgabe vier mit 42, Ausgabe neun mit 39 und Ausgabe sechs mit 37.

Von allen Zusendungen sind 50 mit Sumi-e und anderen Maltechniken, 35 mit Collagen und Digital-Art erstellten Bildern und 333 mit Fotos gestaltet worden.

Ein Haiku als Teil der Gesamtkomposition visuell in ein Bild zu integrieren, ist gerade auch mithilfe der digitalen Medien eine eigene Herausforderung, die sich sehr vom Erstellen eines traditionellen Haiga unterscheidet. Bei den eingereichten Werken sind die Haiku überwiegend dreizeilig eingefügt, aber bei etwa knapp der Hälfte der Haiga unterstreicht das Haiku (darunter auch zweizeilige und einzeilige und ein Ein-Wort-Haiku) durch seine individuelle optische Gestaltung die Gesamtaussage.

Haiga, auch mit großer evokativer und suggestiver Kraft, werden von jedem Betrachter unterschiedlich wahrgenommen und gelesen – sowohl die eigenen Assoziationen, die dabei spontan entstehen, als auch Erinnerungen fließen unmittelbar und direkt beim Betrachten und Verknüpfen der visuellen Ebene mit dem Haiku ein. Kennt man den Autor/die Autorin – vielleicht sogar persönlich – wird hin und wieder intuitiv eine individuelle Geschichte erahnt und mit dem Werk verbunden – jeder weiß um diesen Ablauf. Der Prozess des unterschiedlichen Erlebens im Betrachter/Leser hat mich bewogen, Gastjuroren für eine „Haiga im Focus"-Ausgabe einzuladen. Für die Juni-Ausgabe war es Gerd Börner, für die August-Ausgabe Helga Stania und für die Dezember-Ausgabe Ramona Linke. An dieser Stelle ein herzliches Dankeschön. Und zugleich auch an all diejenigen, die mit ihren vielen Rückmeldungen die ihnen wichtigen Aspekte angesprochen und dadurch meinen Blickwinkel bestätigt, manchmal erweitert oder auch geschärft haben. Fast unisono sind gerade die Haiga als besonders gelungen angemerkt worden, die mit ihrem Minimalismus der Leere *ma* in der bildlichen Ebene nahekommen. Unterschiedliche Les- und Betrachtungsarten erlebe ich für mich als besonders wertvoll, da es die Achtsamkeit und Offenheit schult, mit denen ich den

Werken begegne. Und immer wieder begegnen möchte.

Als Resümee bleibt anzumerken: Ein Haiga zu kreieren – immer mit dem Wissen um das Traditionelle und manchmal bis zum Experimentellen auslotend – bedeutet stets, dass sowohl bei der Gestaltung des visuellen Teils als auch bei der Dichtung Harmonie, Kontrast, Rhythmus, Ausdruckskraft und Akzente wichtige Komponenten sind.

In diesem Sinne ist „Haiga in Focus" positiv in ein weiteres Jahr gestartet.

*Jahreszahl ergänzend eingefügt.

Thomas Opfermann

# Kein Einführungskurs ohne Bashōs Frosch-Haiku
Workshop-Bericht

In den letzten Monaten habe ich mehrere Haiku-Workshops an den Volkshochschulen Aachen, Eschweiler und Stolberg durchführen dürfen. Positiv überrascht hat mich das große Interesse (4–11 (!) Teilnehmer) und insbesondere die Vorkenntnisse. Alle Teilnehmer hatten in der einen oder anderen Form bereits Berührungspunkte mit dem Thema „Haiku", sei es durch Leseerfahrungen, der generellen Verbundenheit mit Japan oder gar ersten eigenen Schreiberfahrungen. Haiku scheinen bekannter zu sein, als ich allgemein angenommen hatte, so mein erstes Fazit.

Da es sich jeweils um eine Einführungsveranstaltung gehandelt hat, richtete sich mein Fokus auf die Grundcharakteristika „Kürze", „Gegenwärtigkeit" und „Offenheit".

Kein Einführungskurs ohne Bashōs Frosch-Haiku[1]… Hier lässt sich wunderbar 5-7-5 im japanischen Original zeigen, und die Krux deutscher

---

[1] Matsuo Bashō (1644 – 1694): Alter Weiher / Ein Frosch springt / Wasserplatschen. Quelle: Hochschule für Wirtschaft und Gesellschaft Ludwigshafen, URL: https://www.oai.de/de/wissen/ostasienlexikon/47-bbb/1047-basho-matsuo-basho.html (abgerufen am 3.2.2019)

Übersetzungen – nämlich, dass deutsche Übersetzungen aufgrund der Unterschiedlichkeit der Sprachen in der Regel mit weniger Silben auskommen. Das führt dann entweder zu einer kürzeren Form als 5-7-5 oder einem oft gequält klingenden oder gar verfälschenden Hineinpressen in ein 5-7-5-Schema. An diesem Punkt entstehen dann direkt die ersten Diskussionen, wie formal denn ein Haiku ist bzw. zu sein hat. 5-7-5 ist zwar klassisch die Vorgabe, aber die Form alleine macht kein Haiku aus … Wenn also auch kürzer erlaubt ist, was macht dann das Wesen eines Haiku aus?

Das Haiku soll „konkret" und „gegenwärtig" sein, so ein zweites ausschlaggebendes Merkmal. Die Vermittlung von Allgemeinplätzen oder gar philosophische Betrachtungen haben keinen Platz in einem Haiku, darauf kann man sich schnell verständigen. Vielmehr soll eine Beobachtung, also ein Moment beschrieben werden, in der Regel eine Naturbeobachtung. An dieser Stelle fließen dann die charakterisierenden Jahreszeitwörter (*kigo*) ein, mit der Vielzahl an Assoziationsmöglichkeiten. Es zeigt sich, dass die Ansichten, wie diese Aspekte denn idealerweise umgesetzt werden, sehr weit gefasst sind. Was ist noch als Naturbeobachtung anzusehen? Muss es die grüne Wiese sein? Ist eine trostlose Büroumgebung nicht auch als Natur im erweiterten Sinne anzusehen? Wie konkret dürfen Jahreszeiten, Feste, eng umrissene Zeiträume benannt werden? Was ist bei den Assoziationsmöglicheiten erlaubt? Müssen alle *kigo* bei unterschiedlichen Lesern zu gleichen Assoziationen führen, oder darf es hier Interpretationsspielraum geben? Alles Fragen, die zu lebhaften, kontroversen, dabei aber sehr bereichernden Diskussionen führten!

Das bringt uns dann zur dritten Charakteristik, der „Offenheit". Ein gelungenes Haiku soll nicht alles verraten … vielmehr soll es Andeutungen machen und nicht alles vorwegnehmen. Ein Geschenk packt man schließlich auch nicht in Klarsichtfolie ein … In der Praxis zeigt sich allerdings, dass das Nachvollziehen dieses Aspekts die eine Sache ist, das Umsetzen jedoch eine ganz andere, sprich hier macht nur die Übung den Meister …

Generell ist festzustellen – und das mit Freude meinerseits –, dass die Teilnehmer hinsichtlich der Ausgestaltung eines Haiku sehr unterschiedlich eingestellt sind. Die einen sind eher traditionalistisch, nah am 5-7-5-

Schema mit althergebrachten Stilmitteln (z. B. dem verpflichtenden Jahreszeitenwort) eingestellt, die anderen sind aufgeschlossener gegenüber modernen Auslegungen, abweichenden Silbenzahlen und ggf. auch „Stilbrüchen" wie dem Fehlen eines Jahreszeitenworts, wenn denn andere, für dieses Haiku als wesentlicher angesehene Aspekte erfüllt sind.

Der Vollständigkeit halber schließen die „Verwandten" des Haiku, namentlich Senryu, Tanka, Tan-Renga, Haibun und Haiga den Kreis. Auffällig, dass die meisten Teilnehmer an diesen dem Haiku artverwandten Formen zwar interessiert sind, aber zumindest für den Einstieg doch reserviert gegenüber stehen. Erste bzw. erweiterte Gehversuche, so der allgemeine Tenor, wollen die Teilnehmer auf dem „klassischen" Terrain des Haiku vornehmen.

Ab Frühjahr dieses Jahres wird es Fortsetzungskurse mit weiteren Aspekten und Stilmitteln geben. Ich bin neugierig, wie die Teilnehmer ihre Haiku bis dahin weiterentwickelt haben, bzw. wie sich mit steigender Erfahrung die Einstellung ändert – z. B. klassisch 5-7-5 oder doch eher modern minimalistisch? Ich sehe dem Ganzen mit freudiger Erwartung entgegen …

# Mitteilungen

## Neuveröffentlichungen

1. Ralph Günther Mohnnau: montmartre – rote lichter nachtblaue stunden. Haibun aus Paris. Von Hand gefertigt und gebunden. Alpha Literatur Verlag, Frankfurt am Main. 2018.
ISBN 978-3-946927-33-4, 978-3-946927-34-1, 978-3-946927-35-8 und 978-3-946927-36-5. 4 Bände mit insgesamt 426 Seiten.

2. Volker Friebel: Spatzengeplauder. 601 Haiku aus vier Jahren. Edition *Blaue Felder*, Tübingen. 2018. PapierBuch und eBuch. 160 Seiten.
Eine kostenfreie pdf-Version findet sich auf:
https://www.volker-friebel.de/dichtung/quelle/

3. Horst-Oliver Buchholz und Gabriele Hartmann: Tattoo You.
10 Renhai. 20 Seiten, Handarbeit. bon-say-verlag. 2019.
Zu beziehen unter: info@bon-say.de

4. Brigitte ten Brink und Gabriele Hartmann: verwirrte Gefühle.
6 Märchen-Rengay. Origami-Booklet, Handarbeit. bon-say-verlag. 2019.
Zu beziehen unter: info@bon-say.de

## Sonstiges

1. **Das Haiku – Eine Einführung in Theorie und Praxis** (Thomas Opfermann)
Erfahren Sie in diesem Workshop alles über die wohl beliebteste Lyrikform der japanischen Dichtung: geschichtlicher Ursprung, seine Entwicklung bis zum Einzug in die deutsche Dichtung ab dem Beginn des

20. Jahrhunderts. Anhand von Beispielen bekommen Sie ein Gefühl für den Charakter eines gelungenen Haiku, den formalen Aufbau, das Spiel der Assoziationen, die Bedeutung der Jahreszeitwörter, etc. Mit dem vermittelten Grundwissen verfassen Sie im Anschluss Ihre ersten eigenen Haiku, die in der Gruppe diskutiert und gemeinsam weiterentwickelt werden.

**Vier Workshops:**

**Termin:**    23.03.2019      15:00 – 17:15 Uhr
**Ort:**    VHS Aachen
**Leitung**:    Thomas Opfermann
Weitere Informationen und Anmeldung unter:
https://www.vhs-aachen.de/

**Termin:**    26.03.2019      14:00 – 16:15 Uhr
**Ort:**    Jakob-Büchel-Haus in Aachen-Walheim
**Leitung:**    Thomas Opfermann
Weitere Informationen und Anmeldung unter:
http://www.jakob-buechel-haus.de/

**Termin:**    10.04.2019      18:00 – 20:15 Uhr
**Ort:**    VHS Stolberg
**Leitung:**    Thomas Opfermann
Weitere Informationen und Anmeldung unter:
http://www.vhsstolberg.de/

**Termin:**    23.05.2019      19:00 – 21:45 Uhr
**Ort:**    VHS Eschweiler
**Leitung:**    Thomas Opfermann
Weitere Informationen und Anmeldung unter:
https://www.vhs-eschweiler.de/

2. **Das Haiku – Grundbausteine und Strukturelemente** (Thomas Opfermann)
Sie schreiben bereits Haiku und möchten Ihr theoretisches Wissen und insbesondere die praktische Umsetzung in ein gelungenes Haiku vertiefen? In diesem Workshop erfahren Sie mehr über strukturierende Elemente und Techniken (z. B. Überraschungsmoment, Personifizierung, Symbole), die Ihre Haiku bereichern werden. Neben der Besprechung exemplarischer Haiku steht die praktische Umsetzung im Vordergrund. Erste Ergebnisse werden in der Gruppe diskutiert und gemeinsam weiterentwickelt.

**Zwei Workshops:**

**Termin:** 08.05.2019 18:00 – 20:15 Uhr
**Ort:** VHS Stolberg
**Leitung:** Thomas Opfermann
Weitere Informationen und Anmeldung unter:
http://www.vhsstolberg.de/

**Termin:** 28.05.2019 14:00 – 16:15 Uhr
**Ort:** Jakob-Büchel-Haus in Aachen-Walheim
**Leitung**: Thomas Opfermann
Weitere Informationen und Anmeldung unter:
http://www.jakob-buechel-haus.de/

3. **Neues von Christa Wächtler** (Christa Wächtler)
Im letzten Sommer besuchten Mitglieder des Literaturvereines „Nord-Buch e. V." Christa Wächtler in ihrem Kunsthaus in 23730 Sierksdorf, Prof. Haas-Straße 29. Mit dabei war ein Fernsehteam des Offenen Kanals Kiel/www.okkiel.de.
Es entstanden 2 Filme:
– „Lesesofa mit Christa Wächtler" auch auf youtube
– Zu Besuch bei der Malerin und Lyrikerin Christa Wächtler.
Diese Filme können auf der Internetseite des Offenen Kanals angese-

hen werden. Man erhält einen Einblick in die Haiku- und Malerwelt der Christa Wächtler. Beide Filme gibt es auch auf DVD.

Sie lädt auch recht herzlich die Interessenten der DHG in ihr Kunsthaus ein.

Kontakt: Schriftlich an oben genannte Adresse oder Tel.: 01737165220

4. **Haiku-Festival „Shapes of Haiku" in Berlin** (Petra Klingl)
Vom Februar bis zum September findet in Berlin das Haiku-Festival „Shapes of Haiku" statt. Es wird organisiert von der Musikwissenschaftlerin Saori Kanemaki. Die DHG ist auch mit einigen Veranstaltungen beteiligt:

**1.** Eröffnungsevent – Haiga-Ausstellung „Bild als Lyrik"
am 24. März 2019 im Blinis EspressoLounge/Kreuzberg
Ausgestellt werden Haiga unserer DHG-Mitglieder aus dem Buch „Der Duft des Tuschsteins" unter der Leitung von Saori Kanemaki und Klaus-Dieter Wirth.
Diese Ausstellung ist dort bis zum 14. Juni 2019 zu besichtigen.

**2.** Lesung und Diskussion „Haiku Now" am 13. April 2019 in der Lettrétage/Literaturhaus in Kreuzberg unter der Leitung von Keisuke Haishima, Prof. Ekkehard May und Petra Klingl

**3.** Dicht-Workshop für Erwachsene am 13. April 2019 in der Lettrétage unter der Leitung von Keisuke Haishima und Petra Klingl

**4.** Dreiteiliger Workshop für Kinder und Jugendliche „Haiku und Bild" am 01. April, 11. April und 15. April in der Lettrétage
unter der Leitung von Petra Klingl, Keisuke Haishima, Haruka Sasaki und Hanaa Degham
Alle Informationen zu diesem Event auf der Homepage der DHG

5. **Gärten grünen zart und leise …\*** (Ruth Karoline Mieger)
Wir laden ein zu unserem Frühlings-Workshop mit Klaus-Dieter Wirth in Wiesbaden am 14. April 2019 von 10 – 16 Uhr.
Unter Berücksichtigung der Wesensmerkmale des Haiku und der Grundbausteine besprechen wir unsere Haiku. Eingeladen sind Anfänger und Fortgeschrittene.

Treffpunkt: Gebäude der ehem. Robert-Koch-Schule in Wiesbaden-Bierstadt, Hofstr. 2.
Anmeldung und Information:
Ruth Karoline Mieger, Wiesbaden
Tel. 0611 – 609 28 92, E-Mail: rkmieger@gmx.de
*Vorfrühling Max Herrmann-Neiße


## Haiku-, Tanka- und Haiga-Mentoring

Für das **Haiku-Mentoring** stellen sich zur Verfügung:

Claudia Brefeld  claudia.brefeld@ dhg-vorstand.de
Brigitte ten Brink  brigitte.tenbrink@gmx.de

Für das **Tanka-Mentoring** stellt sich zur Verfügung:

Tony Böhle  tonyboehle@web.de

Für das **Haiga-Mentoring** stellt sich zur Verfügung:

Claudia Brefeld  claudia.brefeld@ dhg-vorstand.de


(Falls Postadressen gewünscht, bitte beim DHG-Vorstand anfragen.)

Wir möchten alle DHG-Mitglieder ermuntern, diese Möglichkeiten des Austausches zu nutzen und nehmen gerne zukünftig weitere Namen in diese Listen auf, die wir – aktualisiert – in jedem SG vorstellen werden.

# Covergestaltung

**Das Cover dieser Ausgabe wurde von Martin Berner gestaltet.**
Jahrgang 1948, lebt in Frankfurt am Main. Er arbeitet in Tusche, Acryl, Enkaustik, fertigt Lichtobjekte und kleine Skulpturen aus verschiedenen Materialien, Collagen, vor allem Streifencollagen, in denen er zerschnittene eigene Bilder zu neuem Leben erweckt. Verschiedene Einzelausstellungen in Frankfurt, Teilnahme an Gemeinschaftsausstellungen in Frankfurt und Umgebung, in Hamburg und in Straßburg.

Haiku: Claudia Brefeld, Foto: Paul Bernhard

# Impressum

**Vierteljahresschrift der Deutschen Haiku Gesellschaft**
31. Jahrgang – März 2019 – Nummer 124

**Herausgeber:** Vorstand der DHG
Tel.: 040/460 95 479
E-Mail: info@deutschehaikugesellschaft.de

**Redaktion:** Claudia Brefeld, Eleonore Nickolay

**Titelillustration:** Martin Berner

**Satz und Layout:** Martina Khamphasith


**Freie Mitarbeit erwünscht. Ihre Beiträge schicken Sie bitte per**

**E-Mail an:** Claudia Brefeld, Eleonore Nickolay, Horst-Oliver Buchholz,
Thomas Opfermann: redaktion@deutschehaikugesellschaft.de

**Post an:** Petra Klingl, Wandsdorfer Steig 17, 13587 Berlin

Die Meinung unserer Autoren muss sich nicht immer mit der Meinung der Redaktion decken. Die Beiträge werden von uns sorgfältig geprüft, für die Richtigkeit, Vollständigkeit und Aktualität der Inhalte, insbesondere der fremdsprachlichen Texte, können wir jedoch keine Gewähr übernehmen.

In der Zeitschrift SOMMERGRAS wird die männliche Form stets generisch gebraucht und bezieht folglich die weibliche Form mit ein.

**Einsendeschluss**
**für die Haiku- und Tanka-Auswahl:** 15.04.2019
**Redaktionsschluss:** 25.04.2019

Jahresabonnement Inland (inkl. Porto) 45 €
Jahresabonnement Ausland (inkl. Porto) 55 €
Einzelheftbezug Inland (inkl. Porto) 12 €
Einzelheftbezug Ausland (inkl. Porto) 14,50 €
Auslandsversand nur auf dem Land-/Seeweg.

Der Mitgliedsbeitrag beträgt 45 € im Jahr und beinhaltet die Lieferung der Zeitschrift (Inland inkl. Porto, Ausland + 10 € Porto).
Die finanzielle Unterstützung der DHG quittieren wir mit Spendenbescheinigungen.